T0208856

essentials

essentials liefern aktuelles Wissen in konzentrierter Form. Die Essenz dessen, worauf es als „State-of-the-Art" in der gegenwärtigen Fachdiskussion oder in der Praxis ankommt. *essentials* informieren schnell, unkompliziert und verständlich

- als Einführung in ein aktuelles Thema aus Ihrem Fachgebiet
- als Einstieg in ein für Sie noch unbekanntes Themenfeld
- als Einblick, um zum Thema mitreden zu können

Die Bücher in elektronischer und gedruckter Form bringen das Fachwissen von Springerautor*innen kompakt zur Darstellung. Sie sind besonders für die Nutzung als eBook auf Tablet-PCs, eBook-Readern und Smartphones geeignet. *essentials* sind Wissensbausteine aus den Wirtschafts-, Sozial- und Geisteswissenschaften, aus Technik und Naturwissenschaften sowie aus Medizin, Psychologie und Gesundheitsberufen. Von renommierten Autor*innen aller Springer-Verlagsmarken.

Weitere Bände in der Reihe https://link.springer.com/bookseries/13088

Oliver Errichiello · Marius Wernke

Ordnung im Chaos –
Kybernetik der
Markenführung

 Springer

Oliver Errichiello
Hofbüro Eppendorf
Büro für Markenentwicklung
Hamburg, Deutschland

Marius Wernke
Hamburg, Deutschland

ISSN 2197-6708   ISSN 2197-6716   (electronic)
essentials
ISBN 978-3-662-65191-9   ISBN 978-3-662-65192-6   (eBook)
https://doi.org/10.1007/978-3-662-65192-6

Die Deutsche Nationalbibliothek verzeichnet diese Publikation in der Deutschen Nationalbibliografie; detaillierte bibliografische Daten sind im Internet über http://dnb.d-nb.de abrufbar.

Planung/Lektorat : Marion Krämer
Springer ist ein Imprint der eingetragenen Gesellschaft Springer-Verlag GmbH, DE und ist ein Teil von Springer Nature.
Die Anschrift der Gesellschaft ist: Heidelberger Platz 3, 14197 Berlin, Germany

Was Sie in diesem *essential* finden können

- Was ist Management-Kybernetik?
- Was ist eine Marke?
- Die Marke als „lebendes System"
- Markenmanagement in Zeiten von gesellschaftlicher, technologischer und wirtschaftlicher Transformation
- Die Kybernetik der Marke
- Die Steuerung komplexer Markensysteme

Elon Musk ✓ @elonmusk · 3. Mai
Antwort an @utsavtechie
Prototypes are easy, production is hard

💬 3.032   🔁 9.330   ♡ 171.636   ⬆

Elon Musk Tweet 3rd May of 2020: „Prototypes are easy, production is hard"

Leitgedanke

It'll all be the same in a hundred years, a hundred years from now.
For I'll be dead and you'll be dead, a hundred years from now.
And somebody else will be well in the cart, a hundred years from now.
Stanley Holloway

Ein Gedankenexperiment: Stellen Sie sich vor, man würde eine Kamera auf dem Dach des Hauptbahnhofes irgendeiner größeren Stadt im Jahr 1900 aufstellen. Egal, welche Metropole – egal in welchem europäischen Land. Diese Kamera hätte sogar die Eigenschaft, dass sie existiert, obwohl man vor einem Jahrhundert technisch noch nicht in der Lage war, ein Gerät herzustellen, dass einen Bahnhofsvorplatz permanent filmt. Tag um Tag. Monat um Monat. Jahr um Jahr. Lassen wir also die Kamera über 120 Jahre laufen … und schauen uns nun diesen Film im Zeitraffer in wenigen Minuten an. Was würden wir erkennen? Wir würden sehen, dass viele Menschen auf den Bahnhof zukommen und sich vom Bahnhof fortbewegen. Interessanterweise wird deutlich, dass sich die Bewegungen gruppenweise vollziehen. Viele Menschen strömen zu bestimmten Zeiten massenweise in ihn hinein und zu anderen wieder aus ihm heraus. An Wochenenden bilden sich eher kleinere Gruppen, die auch erst verspätet am Tag die Bahnsteige aufsuchen. An den Sonntagen bleibt es geradezu leer. In den Sommermonaten ist der Strom der Menschen kleiner. Und an bestimmten Feiertagen kommen kaum Menschen in die Bahnhofshallen. Wohlgemerkt, diese Muster von heran- und herausströmenden Menschen wiederholen sich in dem Film über die gesamten 120 Jahre.

Es scheint also, als ob diese Individuen, die zu bestimmten Zeiten ganz einträchtig – massenhaft – ihren persönlichen Lebensalltag gestalten, einer unsichtbaren, nirgendwo hinterlegten oder miteinander abgesprochenen Regelhaftigkeit unterliegen. Die Menschen gehen zu bestimmten Zeiten zu ihrer Arbeitsstelle, haben an anderen ihre freien Tage und machen vor allem im Sommer Urlaub. Die scheinbar individuellen Gewohnheiten eines jeden werden wie durch eine ominöse Hand geführt. Es bildet sich gleichsam ein eigenes Lebewesen, dass aus vielen Individuen besteht. Nun zeigt unser Film 120 Jahre andauernde Bewegungen oder Verhaltensmuster. Wir können davon ausgehen, dass keiner der Menschen, die in den ersten Jahren zu sehen sind noch lebendig ist oder gar noch zur Arbeit geht. Dennoch bestehen die Muster fort und werden nun von anderen Menschen ausgefüllt. Die handelnden Personen mögen sich ändern, die Muster bleiben.

In der Sozialwissenschaft bezeichnet man diese Muster etwas nüchterner als „lebende Systeme". Sie kennzeichnet eigene Zyklen und Dynamiken. Genau diese lebenden Systeme werden hier thematisiert. Es geht darum, die universellen Voraussetzungen für die Lebensfähigkeit und damit den Erfolg von Systemen in ihren Grundzügen zu verstehen und Gesetzmäßigkeiten in ihrer Funktionsweise darzustellen. Dabei ist es für die strukturelle Analyse zunächst unerheblich, ob es sich um eine soziale Gruppe oder einen Wirtschaftskörper handelt.

Einer der ältesten erfolgreichsten Wirtschaftskörper der Welt ist die Marke. Die Marke ist eine der stabilsten Ordnungen, die das lebende System Gesellschaft hervorgebracht hat. Die Marke wird gerade in Zeiten der Beschleunigung und der unendlichen, globalen Warenmärkte ein immer wichtigeres Forschungsobjekt. Denn Bestand hat nur, was es vermag, sein Muster im Zeitalter der permanenten Veränderung herauszuarbeiten, zu konsolidieren und zu beschleunigen. Dafür helfen weder feinste Kundendaten, noch kreative Ideen, sondern eine fundierte Kenntnis der strukturellen Funktionsweise und Dynamik aller Lebewesen.

Noch nie hatten wir so viele Daten, (psychologische) Tiefenuntersuchungen, Neuromarketing, Kreativitätstechniken, Feedback-Instrumente und Szenario-Modelle, die das Wesen der Marke und Märkte untersuchen. Und doch: Die Ursachen der Marke als soziales Bündnis- und Gestaltsystem werden nur selten behandelt. Denn mit Zahlen und Daten lassen sich nur Wirkungen beschreiben, aber nicht die Kräfte und Dynamiken dahinter. Die eigentliche Gefahr dieser „Zahlenhörigkeit" ist, dass wir glauben „soziale Phänomene" absolut steuern zu können – alles eine Frage der richtigen Grundgesamtheit.

Der Rückzug auf die Zahl bei Markenführungsfragen entpersonalisiert die Entscheidungsverantwortung: Nicht mehr der Entscheider entscheidet, sondern datenbasierte Analysen geben die Entscheidung vor. Die Professionalität und das Talent des Marketingverantwortlichen basieren nicht auf der Entscheidung als solcher, sondern im Zuschnitt zielgenauer Datenerhebungs- und Evaluationsverfahren. Im Ergebnis ist das Phänomen beobachtbar, dass Markensysteme auf die Herausforderung höchster Komplexität der modernen Welt über starre Ablaufregeln und statistische Procedures ihren Erfolg durchzusetzen vermeinen. Marken sind aber lebende Systeme, die nicht in den Status der identischen Wiederholung fallen dürfen.

Kein erfolgreiches Markensystem entstand durch absolute Definition und Festlegung. Im Gegenteil: Die erfolgreichsten Markensysteme kennzeichnet, dass sie immer wieder das althergebrachte Angebot weiterentwickelten: Coca Cola war zunächst eine Arznei, Facebook ein digitalisiertes College-Jahrbuch und Apple ein Computer für den Einsatz in Werbeagenturen. Komplexe Systeme dürfen niemals ein Gleichgewicht erreichen, also starr, fertig sein, ansonsten wären sie tot.

Ohne Frage: Dieser Balanceakt ist schwierig, schwebt doch immer die Frage im Raum: Wo muss die Marke sie selbst bleiben und wo bzw. wie weit erlaubt sie Erweiterungen und kontrollierte Abweichungen ihres genetischen Codes. Die Problematik ist, dass die allumfassende Fixierung aller Gestaltäußerungen der Marke die Entscheider in vermeintlicher Ruhe wiegt, die eigentliche Herausforderung das „Lebewesen Marke" vital zu halten, aber nicht löst. Markenführung bedeutet stattdessen die Bestimmung von Handlungskorridoren, die Varianten zulässt – im Rahmen des individuellen Systems. Wirtschaft beruht auf der Vorstellung eine kreative Idee so zu verstetigen, dass sich um eine Leistung herum ein komplexes Bündnissystem bildet. Das erfordert ein ständiges Balancieren zwischen Bestätigung und innovativer Anpassung.

Man könnte meinen, dass eine Marken-Kybernetik Freiheitsgrade zugunsten eines „Systems" einschränkt. Das Gegenteil ist der Fall. Als Wissenschaft der Steuerung stammen ihre gedanklichen Wurzeln nicht aus der Physik, sondern aus der Biologie. Deshalb orientiert sich die Kybernetik an der Funktions- und Evolutionsweise von Organismen, die nur überleben, wenn die unterschiedlichen Einheiten in einem festen Korridor flexibel auf Veränderungen und Herausforderungen reagieren (dürfen). Erst dann ist eine Idee in der Lage, sich zu verstetigen und im besten Falle als reales Produkt oder käufliche Dienstleistung auszubreiten, vereinfacht ausgedrückt: Marke zu werden.

Diesen oftmals chaotisch erscheinenden Weg gilt es orientiert zu beschreiten. Es geht darum anfängliche Prototypen zu lebenden Markensystemen zu entwickeln und diese klug zu führen. Mit dem Blick aus einer ebenfalls lebenden Wissenschaft handeln nun die nachfolgenden Zeilen.

Oliver Errichiello und Marius Wernke

Inhaltsverzeichnis

Was ist, was will eine kybernetische Markenführung?

Ökonomen, Werber, Kaufleute – alle sind sich einig, dass Marken wichtig sind und immer wichtiger werden. In Zeiten des permanenten Wechsels und der rasanten Produktzyklen schenken Marken Unternehmern und Managern wirtschaftliche Planungssicherheit und der kaufenden Öffentlichkeit Leistungsvertrauen und Markt-Überblick. Was die Wirkungen einer Marke angeht, herrschen kaum Zweifel. Wie aber Marken funktionieren, auf welcher Basis, nach welchen sozialen Prozessen und Interaktionen „die Kraft der Marke" entsteht, lässt sich ungleich schwieriger beschreiben. Meist verlieren sich Erklärungen in theoretisierenden Modellen oder aber abstrakten Kennziffern.

Aus einer sozioökonomischen Perspektive geht es daher darum, dem „System Marke" als Interaktionsprozess zwischen Ideen, Menschen und Dingen strukturell näher zu kommen. Das Problem ist äußerst konkret: Diese Ordnungen sind nicht greifbar, sie sind im wahrsten Sinne des Wortes diffus. Zwar sind Mitarbeiter in einem Betrieb zu sehen, ihre Schreibtische, ihre Arbeitsplatzbeschreibungen und wirtschaftlichen Auswertungen, aber der Prozess der kommunikativen Interaktion hinterlässt – auf den ersten Blick – keine Spuren. Manche riesigen Unternehmungen existieren nur noch als schick designte Rechenoperationen, sind aber höchst real und strukturieren mehr als nur die Wirtschaftswelt. Die Steuerung komplexer sozialer Systeme ist die Kunst, eben dieses Unsichtbare sichtbar zu machen.

Für das Verständnis des „Systems Marke" stellt eine sozioökonomische Betrachtungsweise valide Erkenntnisse bereit, denn die Markensoziologie ist die Lehre von den Bündnissen. Bündnisse, die Menschen mit anderen Menschen eingehen, Gruppen mit Gruppen, aber auch Menschen mit Dingen oder (Leistungs-) ideen. Das Wort Bündnis impliziert unserem Wortverständnis nach eine bewusste und überlegte Handlung, die dazu führt, dass wir uns zu einem Menschen, einer Gruppe oder einer Organisation bekennen. Eine klassisch-soziologische Sichtweise meint mit einem Bündnis lediglich eine unterstützende oder bejahende

O. Errichiello und M. Wernke, *Ordnung im Chaos – Kybernetik der Markenführung,* essentials, https://doi.org/10.1007/978-3-662-65192-6_1

Handlung. Es bedeutet, dass das eigene Tun dazu führt, das Gegenüber zu kräftigen. Auch der Kauf eines Mineralwassers an einem Bahnhofskiosk ist ein (kurzer) Akt der Bündnisbildung, indem die Zuführung von Ressourcen (Kapital) das agierende Unternehmen stärkt.

> ▸ Marken sind soziale Bündnissysteme. Durch den Kauf oder Zuspruch zu einer Ware oder Dienstleistung wird ein Leistungserbringer gestärkt – die Voraussetzung für die Existenz eines Bündnisses.

Marke ist in diesem Kontext keine Gestaltungsrichtlinie, kein Logo oder CI, keine Werbung. Marke ist vor allem ein soziales Bündnissystem, dass auf Basis bestimmter Leistungen kollektive Erwartungshaltungen (man könnte auch sagen positive Vorurteile) verankert und dadurch das Handeln der Menschen strukturiert. Marke ist das Resultat eines sozialen Prozesses von Information, Kenntnis, Erfahrung und Vertrauen. In der Marke bündeln sich sämtliche sozioökonomischen Aufgaben und Funktionen eines Ideenlebewesens. Genaugenommen ist für ein Unternehmen die Marke die einzige Brücke in sein sozioökonomisches Umfeld.

Die Zusammenführung von Markensoziologie und Management-Kybernetik helfen das Unsichtbare zu beschreiben. Denn die Markensoziologie stellt die Frage, welche Aktivitäten Bündnisse entstehen lassen, verdichten und stärken und welche Handlungen zur Destabilisierung von Bündnissen bis hin zu ihrer vollständigen Auflösung führen. Die Kybernetik ist die Lehre der Steuerung von Systemen oder Netzwerken. Indem die übergreifende Struktur aller (lebenden) Systeme dargestellt wird, lassen sich Erkenntnisse über die Vitalität eines organischen oder sozialen Körpers gewinnen.

> ▸ Die Kybernetik isoliert die Struktur aller Systeme und erarbeitet Steuerungsmöglichkeiten – unabhängig von Größe und Zweck. Es handelt sich um eine Grenzwissenschaft, die Erkenntnisse aus Natur- und Sozialwissenschaft verbindet.

Die Marke selbst als wichtiger und allseits präsenter Teil einer lebendigen, chaotischen oder auch bewahrenden Welt ist hyperkomplex. Je älter sie wird, je weiter sie sich ausdehnt, je umfangreicher sie Alltag der Menschen wird, desto mehr steigt der Grad an Komplexität an. Apple, Instagram oder Oatly sind viel mehr als Computer, Plattform oder Hafermilch. Ihnen ist es gelungen, trotz der Vielzahl der Anbieter bestimmte Erwartungshaltungen zu verankern – kollektiv und global. Diese Funktion geht soweit, dass Menschen bereit sind, ihren Alltag nach

ihnen zu strukturieren, beispielsweise indem Menschen „auf Produkte schwören",
„blind" ins Regal greifen oder für eine kurze spezifische Informationsberieselung
intuitiv auf eine Application klicken. Aber auch Emotionen wie Unzufriedenheit
treten in Erscheinung, wenn im Supermarkt das gewünschte Produkt nicht zu
haben ist oder eine App kurzzeitig versagt. Diese menschlichen Verhaltensweisen und Handlungen entstehen, indem Menschen ihr Eigen- und Fremdbild über
die Leistungsfunktion von Marken konstituieren. Wann beginnt das Gestaltterrito-
rium von Marken und wo hört es auf, dass sie solche wirkungsmächtigen Abläufe
entwickeln?

Spuren von Emergenz, also übergreifender Ordnung im Chaos der Optionen zu
erkennen, setzen sich sowohl Markensoziologie als auch Kybernetik als ursäch-
liche Wissenschaften zum Ziel. Während die Kybernetik die Systemstrukturen
isoliert und so verknüpft, dass eine planvolle Steuerung möglich wird, erarbeitet
die Markensoziologie die Spezifik und das konkrete Erfolgsmuster eines Leistungskörpers. Leitgedanke für diese Arbeit ist das Zusammenführen dieser beiden
Führungslehren.

Was ist ein System?

2

Eine zentrale Gedächtnis- und Entscheidungsspur in den Köpfen der Menschen zu verankern gelingt nur, sofern Marken als klar unterscheidbare Akteure auftreten. Wie ein organischer Körper, so lassen sich auch Waren als Lebewesen oder Ideenlebewesen bezeichnen. Sie präsentieren sich (im besten Fall) als klares Angebot und strukturieren das Leben der Menschen: Apple oder Samsung, Ecosia oder Google, aber auch Tennis oder Fußball, Mozart oder Metallica, Malediven oder Amrum. Vollkommen unbedacht handelt der Mensch der Gegenwart mit diesen sozialen Lebewesen, nimmt sie als Körper oder gleichsam Menschen wahr – schreibt ihnen bestimmte Eigenschaften und Verhaltensweisen zu, obwohl gar nicht klar ist, wo „Apple" beginnt, was es umfasst und wo es aufhört. Diese mehr oder minder klar abgegrenzten Lebewesen, sind in einem wissenschaftlichen Kontext „Systeme". Systeme kennzeichnet eine Grenze, ein Innen-und-Außen, dass an einer bestimmten Stelle, die Welt auf eine höchst eigenständige Weise interpretiert. Der österreichische Philosoph Konrad Liessmann weist darauf hin, „dass die Grenze überhaupt die Voraussetzung ist, etwas wahrzunehmen und zu erkennen" (Liessmann 2012, S. 29). Liessmann bezieht sich auf Spinoza: *Omnis determinatio est negatio* – jede Bestimmung setzt voraus, etwas anderes auszuschließen. Grenzziehungen sind die Voraussetzung für Identität, denn Identität entsteht nur aus Definition und Abgrenzung, aus dem anders sein zu anderem. Manchmal handelt es sich dabei um weltumspannende Ideologien oder Weltanschauungen, manchmal nur auf welche Weise ein Imbiss an einer Fußgängerzone Falafel verkauft. Unzählige Systeme treten in Konkurrenz zueinander – sie alle kämpfen bei begrenzten Ressourcen um unsere Aufmerksamkeit.

© Der/die Herausgeber bzw. der/die Autor(en), exklusiv lizenziert durch Springer-Verlag GmbH, DE, ein Teil von Springer Nature 2022
O. Errichiello und M. Wernke, *Ordnung im Chaos – Kybernetik der Markenführung,* essentials, https://doi.org/10.1007/978-3-662-65192-6_2

2.1   Lebende und triviale Systeme

Sämtliche Lebewesen, organischer, mechanischer oder ideeller Art, sind idealtypisch in zwei Formen unterscheidbar: Triviale oder nicht-triviale bzw. lebende
Systeme.

Ein triviales oder „einfaches" System ist eine Maschine. So kann ein Programmierer die Aufgabe erhalten, eine Software zu entwickeln, die Kundendaten algo-
rithmisch mit definierten Zielgruppen zusammenführt. Der Programmierer wird
auf Basis seines Wissens und Geschicks Netzwerke, Datenträger und Befehle so
miteinander verknüpfen, dass im besten Fall das gewünschte Ergebnis – einschlägige Zielgruppen mit Produkten und Dienstleistungen anzusprechen – erreicht
wird. Die Lösung der Aufgabenstellung kann klar und eindeutig beurteilt werden.
Triviale Systeme kennen nur ein binäres Erfolgsprinzip: Das Ziel wurde erreicht
oder nicht. 1 oder 0. Die Besonderheit von trivialen Systemen liegt in der Tat-
sache, dass der Systemcharakter nach außen hin kausal abgeschlossen ist. Ihr
Verhalten ist fast vollständig vorhersagbar. Denn die Aufgabenerfüllung beruht
darauf, dass sämtliche Teile bekannt und steuerbar sind[1].

Die Welt besteht allerdings kaum aus trivialen Systemen. Als anderer Ide-
altypus treten diese Zusammenhänge als „lebende Systeme" oder „nicht-triviale
Systeme" auf (im wissenschaftlichen Diskurs werden diese auch als „Systeme
zweiter Ordnung" benannt). Darunter versteht man alle lebenden organischen
Ideen-Systeme. Diese Ordnungen sind sowohl für die Akteure innerhalb der
Struktur als auch für die Öffentlichkeit unvorhersehbar. Eine funktionalisti-
sche Betrachtung, die annimmt, dass ein bestimmter Stimulus immer zu einer
bestimmten Reaktion führt, greift in diesem Fall zu kurz. Die Lebenswirklichkeit kommt zu anderen Erfahrungen. So wirken im Kontext einer Marke
viele unterschiedliche Akteure und Bestandteile aufeinander, die a) niemals vollständig vorliegen und b) deren Zusammenspiel zu einer Eigendynamik führt,
die emergente Prozesse, d. h. unvorhergesehene Reaktionen, auslösen – eine
Charakteristik, die in der Kybernetik als „spontane Ordnungen" benannt werden.

Ein lebendes System enttrivialisiert sich also selbst und verarbeitet einen Stimulus auf eine individuelle, unprognostizierbare Weise. Ob also eine Marke mit

---

[1] Genaugenommen könnten auch von außen besondere Ereignisse/Kräfte auf ein triviales
System wirken und es so beeinflussen (bspw. Witterung oder Menschen, die eine Software
zerstören). In der Lebenswirklichkeit kann sich kein System vollständig von der Realität isolieren. Hier wird jedoch eine idealtypische Differenzierung vorgenommen, um durch eine
exemplarische Kategorienbildung einen Zugang in den Unübersichtlichkeiten einer hyperkomplexen Umwelt zu finden.

einem Produkt erfolgreich ist, lässt sich deshalb trotz aller Marktforschungsuntersuchungen und Extrapolationen nie mit absoluter Sicherheit vorhersagen. Eine totale Rationalität ist in lebenden Systemen unmöglich. Zu viele Faktoren wirken in das Tagesgeschäft mit hinein. Der Wissenschaftsjournalist Mitchell Waldrop verdeutlichte dies eingängig an einigen Beispielen. So sei es heute „ganz natürlich", dass sich alle Uhrenzeiger nach rechts bewegten – man spricht sogar vom Uhrzeigersinn. Allerdings sei dies eben ganz und gar nicht natürlich, sondern nur auf eine Art kollektiven „Lock in" zurückzuführen: Ein historischer Zufall führt dazu, dass sich bestimmte Techniken oder Erfindungen durchsetzen würden. So zeigt die Realität, dass der Zeiger der Uhr des Doms in Florenz aus dem Jahr 1443 sich eben nicht in eine rechte, sondern eine linke Richtung bewegt (vgl. Waldrop 1993, S. 47).

▶ Es gibt idealtypisch zwei Arten von Systemen: Triviale oder lebende Systeme. Lebende Systeme sind in ihrem Verhalten nie absolut berechenbar.

Folgende Differenzierungen lassen sich idealtypisch vornehmen

Triviales System (z. B. Software)	Lebendes System (z. B. Marke)
Eindeutig	Komplex
Prognostizierbar	Wahrscheinlich
Abgeschlossener Bauplan	Modularer Bauplan
Geregelt	Partiell selbstorganisiert
Statisch	Emergent
Identische Reproduktion	Selbstähnliche Anpassung

2.2 Beharrung und Anpassung

Eine wissenschaftliche Betrachtung nicht-trivialer Systeme ist allerdings in der Lage, bestimmte Wahrscheinlichkeiten in Hinblick auf Erfolg und Misserfolg zu geben. Denn jedes lebende System kennzeichnet einen inhaltlichen Stabilisator.

Dieser sorgt dafür, dass diese jeweilige Ordnung als individuelle Struktur erkennbar ist und bleibt, seinen genetischen Code sichert, aber gleichzeitig in der Lage ist, sich veränderten Umweltbedingungen auf typische Art anzupassen.

Die Kybernetik versteht diesen inhaltlichen Stabilisator als „variablen Zustand". Dieser wird geprägt aus positiven und negativen Erfahrungswerten, aus Vorlieben, Kenntnissen, Motiven oder Gewohnheiten der Menschen. Gleichermaßen treffen aber auch neue technische Entwicklungen oder mögliche Segmentausweitungen auf diesen variablen Zustand. Diese jeweiligen Impulse von außen werden verarbeitet und erst dann in die bestehende Struktur eingespeist. Ein Prozess der als „selbstreferentielle Schleife" bezeichnet wird.

Einer der Gründerväter der modernen Kybernetik, Heinz von Foerster, bezeichnete diesen internen Prozess der Selbstvergewisserung als „Maschine in der Maschine", wobei die Anzahl der internen „Maschinen" innerhalb komplexer Systeme selbst gegen unendlich tendieren kann – jeder „maschinelle" Impuls wird wieder durch ein Untersystem geprüft (vgl. von Foerster, 1997). Nichttriviale oder lebende Systeme sind daher Lebewesen, die aus diesem Grund und trotz ihrer Leistungsbewahrung einen Grad an Unvorhersehbarkeit und Unbestimmbarkeit aufweisen – die zukünftige, aber auch die bisherige Funktionsweise kann nicht absolut hergeleitet werden.[2] Dieses Verfahren findet völlig unabhängig von der Einbettung in eine kybernetische Managementtheorie in jedem lebenden System statt. Lebende Systeme existieren grundsätzlich in einem Wechselspiel aus Beharrung und Anpassung, um ihr spezifisches Wesen in einer stetig verändernden Umwelt abzusichern.

▶   Systeme wollen als spezifisches System bestehen, ihre Eigenform bewahren, sich ausbreiten und ihre Eigenarten sichern.

Marken als Ideenlebewesen kennzeichnet ein Wissen um das eigene Erfolgsmuster. In der Regel wird nur das reproduziert, was auf Resonanz stößt. Die Kategorien für Resonanz sind vielfältig: Es kann sich um die Zuführung von Kapital oder auch öffentlicher Aufmerksamkeit handeln. Wissen um ein System, so die Leistungsinhalte einer Marke wie Starbucks oder Nike, aber auch des italienischen Lieblingsrestaurants resultiert stets aus der Vergangenheit, denn Wissen aus der Zukunft ist nicht möglich. Und dieses Wissen ist nicht beliebig, sondern spezifisch: Es ist die Summe aller Erfahrungen im Interaktionsfeld der Marke. Jedoch: Die vollständige Fokussierung auf die identische Reproduktion des Leistungsmusters einer Marke würde sie in Gefahr bringen. Schließlich kennzeichnet

---

[2] Faszinierenderweise unterliegt Unbestimmtheit selber einer spezifischen Regelhaftigkeit.

lebende Systeme die Fähigkeit, nicht nur das eigene Tun in die gewohnten Bahnen zu lenken, sondern auch Veränderungen der Umwelt wahrzunehmen und gegebenenfalls Anpassungen hinsichtlich der eigenen Leistungsstruktur vorzunehmen. Hier befindet sich ein Schlüssel in Hinblick auf das Verständnis lebender Systeme, das nachfolgend weiter vertieft wird.

2.3 Autopoiesis als Strukturwächter

Die Kybernetik unternimmt mit dem „Autopoiesis-Konzept" den Versuch, die eigenbedingten Aktionen und Reaktionen von lebenden Systemen zu erklären und fundiert die sozioökonomische Sichtweise. Das Wort Autopoiesis ist eine Verbindung aus den griechischen Begriffen „autos" für „selbst" und „poiein" für „machen" bzw. „erzeugen". Autopoiesis bedeutet demnach das Hervorbringen eines Etwas aus sich selbst heraus. Die Neurobiologen und Wegbereiter der Kybernetik Humberto R. Maturana sowie Francisco J. Varela erarbeiteten unter dieser Begrifflichkeit eine Theorie zur Beschreibung von lebenden Systemen, wobei sie explizit keine Unterscheidung zwischen organischen oder Ideen-Lebewesen (bzw. hyperorganischen Lebewesen) vornahmen.

Die Grundthese der Neurobiologen lautet: Leben bedeutet die ständige Reproduktion seiner selbst. Diese erfolgreiche Reproduktion bedeutet allerdings nicht die sklavische Wiederholung des Immergleichen, also die Anfertigung einer identische Kopie, sondern die Fähigkeit im Wechselspiel von Bestätigung und Anpassung die Veränderung der Umwelt zu antizipieren und darauf adäquat, d. h. lebenssichernd – autonom – zu reagieren. Maturana und Varela schreiben: „Wir verwenden den Begriff Autonomie in seiner üblichen Bedeutung. Das heißt, ein System ist autonom, wenn es dazu fähig ist, seine eigene Gesetzlichkeit beziehungsweise das ihm Eigene zu spezifizieren. […] Nach unserer Ansicht ist deshalb der Mechanismus, der Lebewesen zu autonomen Systemen macht, die Autopoiese; sie kennzeichnet Lebewesen als autonom" (Maturana und Varela 1987, S. 55).

▷ Die Autopoiesis stammt aus der Biologie und wurde auf alle lebenden Systeme, also Organisationen, Unternehmen und Marken übertragen. Im Kern verdeutlicht es die Notwendigkeit des Wechselspiels von Beständigkeit und Anpassung, will ein Lebewesen langfristig bestehen.

Der israelische Historiker Yuval Noah Harari hat diese merkwürdigen und autonomen, aber omnipräsenten (Ideen-)Lebewesen griffig in seinem Weltbestseller „Eine kurze Geschichte der Menschheit" portraitiert: „Jede großangelegte menschliche Unternehmung – angefangen von einem archaischen Stamm über eine antike Stadt bis zu einer mittelalterlichen Kirche oder einem modernen Staat – ist fest in gemeinsame Geschichten verwurzelt, die nur in den Köpfen der Menschen existieren. […] Diese Dinge existieren jedoch nur in den Geschichten, die wir Menschen erfinden und einander erzählen. Götter, Nationen, Geld, Menschenrechte und Gesetze gibt es gar nicht – sie existieren nur in unserer kollektiven Vorstellungswelt" (Harari 2015, S. 41).

In diesem Sinne kennzeichnet also ein lebendes System eine inhaltliche Verpolung, die vor der Unüberschaubarkeit der Wirklichkeit ein „Informationsetikett" anbietet: Marke, so umschrieb der Ökonom Jean-Noel Kapferer, ist Referenz, aber auch Signal (Kapferer 2008). Damit werden (ansonsten) komplexe Entscheidungen kanalisiert und beschleunigt. Je undurchschaubarer der Alltag ist, desto wertvoller werden diese „gelernten" Informationsträger. Neben der Information als solcher sind diese Systeme auch inhaltlich konnotiert: Im besten Falle vertraut eine Gruppe einem bestimmten Träger.

Systeme kennzeichnet also die permanente Selbstreproduktion des eigenen Musters. Es ist lebendig, sofern es sicherstellt, ständig weitere Elemente zu produzieren, welche auf die sie erzeugende Grund-Struktur verweisen.

Organische und Ideenlebewesen haben in ihrer Reproduktion stets einen „Willen" zur Eigenständigkeit – der Wunsch gegenüber anderen Organismen erkennbar zu sein, ist eine fundamentale Triebkraft aller Aktivitäten und Handlungen – ganz egal ob es sich bei dem Ideenlebewesen um ein Volk, eine Familiengemeinschaft oder eine Marke handelt. Einige Beispiele: Die Sonnenblume keimt, wächst und entwickelt schließlich im Sommer Samenkapseln, die in der Lage sind, die Struktur „Sonnenblume" im nächsten Sommer erneut hervorzubringen, auch wenn die eigentliche Sonnenblume längst vergangen sein wird. Menschliche Körperzellen erneuern sich ständig. Einige Organe sind innerhalb weniger Jahre komplett durch neue Zellen ersetzt – dennoch bleiben wir der gleiche Mensch. Ein interner Regelungsmechanismus legt fest, dass die neuen Zellen, den alten grundsätzlich entsprechen und damit die Identität sichern. Den VW-Golf gibt es seit 1974. Das erste Modell würde heutzutage keine Verkehrszulassung mehr erhalten. Dennoch sind viele Merkmale dieses Klassikers (über sein Design hinaus) trotz zahlreicher Modellreihen, die sich den gesellschaftlichen und technischen Gegebenheiten der Zeit angepasst haben, im Kern erhalten geblieben und wurden in Golf-typischer Weise angepasst. Der Golf bleibt *irgendwie* Golf.

Um diese Struktur zu reproduzieren, müssen diese Vorgänge in sich geschlossen sein. Klar ist: Etwas kann nur System, also eine Einheit sein, wenn es sich als Einheit versteht. Es muss, um das vorangegangene Beispiel aufzugreifen, darauf angelegt sein, Sonnenblumen und keine Geranien oder Eichen zu reproduzieren, ein Golf sollte sich anschicken Golf zu bleiben und kein Tesla zu werden, auch wenn es vielleicht das Golf-Team bei VW reizt – ansonsten stellt es das Fortbestehen des eigenen Systems infrage. Zwar benötigt der Organismus seine Umwelt (hier Nährstoffe, Sonnenlicht, Materialien etc.), allerdings selektiert es die Informationen bzw. Mittel, die für sein Bestehen relevant sind. Selbstreferentielle Systeme sind daher auf ihren Typus, auf eine Operationsweise beschränkt. So formulieren Maturana und Valera: „Die Erhaltung der Autopoesie und die Erhaltung der Anpassung sind notwendige Bedingung für die Existenz der Lebewesen" (Maturana und Varela 1987, S. 113). Daraus ergeben sich selbstverständlich auch Fragen, wie kann das Ideenlebewesen VW Golf erfolgreich auf fossile Brennstoffe verzichten und gleichzeitig der Markenkörper gestärkt werden?

Lebenssicherung bedeutet zum einen, die Wiedererkennbarkeit des Systems zu wahren, aber gleichzeitig Innovationen so zu integrieren, dass der Gestaltkörper weiterhin attraktiv und anschlussfähig bleibt – ein Prozess den der Begriff des „Driftens" (nach Maturana/Varela) veranschaulicht. Die Aufgabe zur Sicherstellung und die Management-Herausforderung einer resonanzfähigen Marke besteht somit darin, das richtige Maß an Bestätigung und Erstmaligkeit zu bestimmen. Das VW Team muss sich also über die lebenssichernden Merkmale des Golfs bewusst sein, um disruptive Technologien in ein möglichst vertrautes System zu implementieren.

Biologische Systeme nutzen bspw. Botenstoffe für die Kommunikation und Interaktion. Ideenlebewesen nutzen andere Formen des Austausches. Wie läuft die Interaktion zwischen System und Umwelt bei Ideenlebenwesen ab ? Der Soziologe und Systemtheoretiker Niklas Luhmann überführte deshalb das (biologische) Autopoiesis-Konzept von Maturana und Varela in die Sozialwissenschaften. Kernthese: Ein System wird durch Elemente gebildet, die ereignisevoziert sind. Der Austausch zwischen Umwelt und System, aber auch unter den Systembestandteilen erfolgt, so Luhmann, über Kommunikation: „Unter sozialem System verstehe ich ganz allgemein ein System, dessen Operation Kommunikation ist, das also ständig Kommunikation durch Kommunikation ersetzt (zit. nach: Schuldt 2003, S. 24).

Zusammengefasst ist Autopoesis also ein entscheidendes Instrumentarium um chaotische Impulse im Draußen und im Innen des Organismus zu ordnen und strukturgemäß in das eigene System zu implementieren oder auch abzulehnen.

2.4   Hinterlegte- und Spontane Systemordnung

Die Marke ist ein System, in dem Kräfte zum Zuge kommen, welche der Ökonom Friedrich August von Hayek als „spontane Ordnung" bezeichnet. Damit werden Interaktionen beschrieben, die auf Basis bestimmter Rahmenbedingungen (bei einer Marke ihr Leistungsmuster, ihr Preis, ihre Distributionsnetzwerke etc.) durchgesetzte Ordnungsstrukturen ausbilden – ohne dass diese Strukturen zuvor genau definiert oder implementiert wurden. Lebende Systeme regeln sich also selbst. Noch ein weiteres Phänomen tritt auf: Die entstehenden Ordnungen sind oftmals komplexer und feinteiliger, als Regel- und Funktionswerke, die zuvor durch einzelne Menschen hätten definiert werden können. Beispielsweise entwickeln Sprachen eigene Regel- und Funktionsordnungen – ihre Definitionen und Dokumentation geschieht lange nachdem sie gesprochen werden. Auch ein Markt ist ein verzweigtes Interaktionssystem, das nie erschöpfend beschrieben werden kann (die Idee der sozialistischen Planwirtschaft sind eben bei diesem Versuch gescheitert), aber eigenorganisierte Wege und Strategien entwickelt, um möglichst effizient zu agieren. Zu starke Regeln und Eingriffe eines übergreifenden Ordners (bspw. der Staat oder Monopolisten) können die unternehmerische Kreativität einschränken, vielleicht sogar unterminieren.

In einer hoch-digitalisierten Welt, die sämtliche Regungen, Intentionen und Aktionen misst und kategorisiert, um Metriken zu kommerzialisieren, entsteht der Anschein, die Handlungen der Menschen seien vollständig vorhersehbar und bereits hinterlegt. In einem begrenzten Maße ist dies auch richtig, aber die Fortführung bestimmter bestehender Gewohnheiten nimmt auf „Disruptionen" keine Rücksicht. Menschen handeln nur vorwiegend wie erwartet, aber nicht nur. Ein Grund liegt darin, dass Menschen neben logischen, d. h. (kulturell) durchgesetzten, Denkprozessen ebenso ein absolut freies ästhetisches Urteil charakterisiert (so kann niemand einem anderen Menschen vorschreiben, eine Farbe besonders schön zu finden oder einen Geschmack zu präferieren). Die Freiheit des ästhetischen Urteils ist bei Immanuel Kant ein Kerngedanke. Kant unterschied in der „Kritik der reinen Vernunft" (1781) zwischen „praktischer" und „transzendentaler" Freiheit: Die praktische Freiheit kennzeichnet ein subjektiv-rationales Abwägen, die den Menschen in die Lage versetzt, logische Kausalschlüsse zu ziehen. Darüber hinaus definiert Kant aber noch eine weitere Quelle menschlicher Entscheidungsfindung, die mindestens ebenso tragend, wenn nicht noch beeinflussender ist: Die transzendentale Freiheit ist nur sich selbst verpflichtet und schaltet eine übergreifende Logik weitestgehend aus – ohne unvernünftig oder selbstzerstörerisch zu sein. Dieses anthropologische Talent bedingt Unplanbarkeiten (und Kreativität) in allen Bereichen menschlichen

Lebens trotz mannigfaltiger Maß- und Prognoseinstrumente, die die Digitalisierung aller Lebensbereiche bereitstellt – auch weiterhin wird Wirtschaft von und durch Menschen gemacht. Wirtschaftliche Prozesse entziehen sich aufgrund der soziopsychologischen Dispositionen einer absoluten Wahrscheinlichkeit, also sicheren Prognose.

> Lebende Systeme sind in Bezug auf ihre Handlungsoptionen niemals absolut vorhersehbar. Dies liegt an der menschlichen Freiheit des „ästhetischen Urteils". Menschen entscheiden nicht ausschließlich rational, sondern zutiefst gefühlsgetragen. Diese Unsicherheit bedingt Freiheit und disruptive Kreativität.

Die Wirklichkeit ist von unvorhersehbaren Ereignissen geprägt: Kein Modell konnte den Siegeszug von Apple vorhersehen, oder Red Bull oder der Elektromobilität (im Gegensatz zum Wasserstoff). Der „menschliche Faktor" bedingt Unsicherheiten. Denn wo Menschen sind, sind (Selbst-)bewusstsein und Beziehungen, sind Erwartungen und Gewohnheiten, Interessen und Bedürfnisse, Kreativität und Fehleinschätzung, Wille und Vorstellung, Ethik und Moral, Eigensinn und Verantwortung … das Menschliche ist und bleibt ein unendliches Wirrwarr aus möglichen und vor allem unwahrscheinlichen Optionen.

Diese Systemordnungen sorgen für eine analytische Herausforderung bei Marken, inwieweit sich hinterlegte und spontane Ordnungen abschätzen lassen. Es gilt also Indikatoren zu entwickeln, die anzeigen, wenn die Interaktionen zwischen den Systembestandteilen nicht mehr funktionieren oder gar außer Kraft gesetzt sind. Diesen Indikatoren möchten wir uns in den folgenden Kapiteln weiter annähern.

Literatur

Harari YN (2015) Eine kurze Geschichte der Menschheit. Pantheon, München

Kapferer JN (2008) The New Strategic Brandmanagement, 4. Aufl. Kogan Page, London
Liessmann KP (2012) Lob der Grenze. Zsolnay, Wien
Maturana HR, Varela FJ (1987) Der Baum der Erkenntnis. Die biologischen Wurzeln menschlichen Erkennens. Goldmann, Gütersloh
Schuldt C (2003) Systemtheorie. CEP Europäische Verlagsanstalt, Hamburg
von Foerster H (1997) Der Anfang von Himmel und Erde hat keinen Namen. Kadmos, Wien
Waldrop MM (1993) Inseln im Chaos. Die Erforschung komplexer Systeme. Rohwolt, Reinbek

Der Begriff „Kybernetik" kommt aus dem griechischen „kybernetes". Es bedeutet „Steuermann". In Worten wie Gouverneur oder Governance lässt sich die wortgeschichtliche Herkunft noch heraushören. Die Kybernetik ist die Lehre von der Steuerung, Regelung und Lenkung von Systemen. So wie ein Steuermann auf einem Schiff versucht, sein Ziel zu erreichen, indem er auf Winde, Wellen und Strömungen sowie andere Schiffe reagiert, so versucht ein Kybernetiker in einer dynamischen Umwelt, bestimmte Ziele durch eine durchdachte Steuerung zu erreichen.

Der Steuermann auf einem Schiff hat die Funktion die unterschiedlichen „Abteilungen" eines Schiffes so einzusetzen bzw. zu instruieren, dass gemeinsam an der Erreichung des Zieles gearbeitet wird. Dazu ist es nicht nur nötig die Funktionsweise eines Schiffes zu kennen, sondern ein Steuermann muss vor allem in der Lage sein, Informationen zielgerecht zu verarbeiten. Seine Aufgabe ist es nicht, Experte auf allen Gebieten beispielsweise der Meteorologie oder der Hydrografie zu sein. Im Gegenteil: Ein Zuviel an Information würde den Navigationsvorgang stören, vielleicht sogar die Steuerung gefährden, weil der Steuermann nicht mehr alle anderen, aber auch relevanten Umweltaspekte in seinen Aktivitäten miteinbezieht.

Die Kybernetik ist demnach eine Wissenschaft, Informationen zu verstehen, zu erklären und systematisch zu nutzen. Informationen sind neben Materie und Energie die dritte Grundgröße der Natur. Die „Kunst" einer kybernetischen Betrachtungsweise liegt in der Organisation von Information. Denn nicht die Rohstoffe, d. h. das anfassbare Material per se macht lebende Systeme zu lebenden Systemen, sondern die Organisation und in der Folge das entstehende Muster bzw. die Ordnung. Fredmund Malik schreibt dazu eingängig: „Wenn man weiß, dass ein Gegenstand aus etwa 15kg Kohle, 4 kg Stickstoff, 1 kg Kalk, ½ kg Phosphor und Schwefel, etwa 200 g Salz, 150 g Kali und Chlor und etwa 15 anderen

O. Errichiello und M. Wernke, *Ordnung im Chaos – Kybernetik der Markenführung,* essentials, https://doi.org/10.1007/978-3-662-65192-6_3

Materialien sowie aus 4 bis 5 Eimern Wasser besteht – was weiß man dann? Im Grunde gar nichts. Geprägt durch die naturwissenschaftliche Denkweise und erzogen auf der Grundlage ihrer Logik werden nur die wenigsten auf die Idee kommen zu antworten: Es kommt darauf an, wie man diese Materialien organisiert ... Genau darauf kommt es aber an. Die genannten Rohmaterialien sind das, was wir erhalten, wenn wir einen Menschen in seine Bestandteile zerlegen" (Malik 2006, S. 403–404).

▶ Kybernetik beschäftigt sich damit Informationen zu konfigurieren, sodass eine planvolle Steuerung eines abgeschlossenen Systems möglich wird.

3.1   Ursprünge der Kybernetik

Als Erfinder des wissenschaftlichen Begriffes „Kybernetik" gilt der Mathematiker Norbert Wiener, der ihn im Jahr 1948 auf einem Treffen von Wissenschaftlern (u. a. mit Gregory Bateson, Magret Mead, Heinz von Foerster, Claude Shannon sowie W. Ross Ashby) vorschlug. Wiener wollte mit diesem Begriff das gesamte Gebiet der Regelungstechnik und der Informationstheorie, bei Maschine oder Lebewesen belegen. Die Kybernetik ist damit die Wissenschaft der Regelung und Nachrichten-Übertragung in Lebewesen und Maschine. Später integrierten die Kybernetiker der ersten Stunde zu naturwissenschaftlichen Ansätzen auch Erkenntnisse der Soziologie und Sozialpsychologie.

Wiener rückte das Wechselspiel von Mensch und Mensch, Mensch und Maschine sowie Maschinenbestandteilen in das Zentrum seiner Überlegungen. Die Wissenschaftler einigten sich initial auf zwei Inhalte, die Systeme für ihr Funktionieren benötigen:

a) Informationen: Systeme bestehen aus einer unbestimmten Menge an Informationen.
b) Zirkuläre Kausalität: Der Effekt von Information ist der Austausch. Austausch versetzt das System in die Lage, Systemabweichungen zu korrigieren oder anzupassen.

Leben wird also nicht nur über Materie und Energie zu Leben, sondern wenn diese Bestandteile Information durchzieht und auf diese Weise zu einem System ordnet. Noch strenger formuliert: Nicht das Woraus ist für ein System wichtig, sondern vielmehr wie die Bestandteile angeordnet und miteinander verknüpft sind, um sie systemisch lebendig zu machen.

Die Kybernetik setzt an Stelle einer mechanistischen Denkweise, eine Wahrnehmung, die strukturell betrachtet aus der Biologie stammt. Biologisch orientiertes Denken betrachtet den Gegenstand der Analyse als prozessuales anpassbares aber seinem Kern nach definiertes System. Das macht deutlich, warum aus kybernetischer Sicht Unternehmen oder auch Märkte kein Sonderfall menschlichen Miteinanders sind. Wenn man eine Marke als lebendes System begreift und führt, dann lassen sich aus den Erfahrungen anderer lebender Systeme Erkenntnisse und Regeln ableiten. Systeme in denen wir uns ansonten in natürlicher Weise bewegen, beispielsweise in einer Familie.

Die Kybernetik versucht diese Anordnungen und Verknüpfungen, die soziale Architektur, zu isolieren und ggf. so zu steuern oder wie wir zuvor beschrieben haben zu kontrollieren, dass der Systemcharakter möglichst optimal zum Zuge kommt. Diese Analyse bedeutet allerdings nicht die Komplexität drastisch einzudämmen, also zu reduzieren, um der Systematik vermeintlich habhaft zu werden. Die Gefahr besteht, dass auf diese Weise eben die Freiheitsgrade zerstört werden, die die Mutations- und Anpassungsfähigkeit des Systems bedingen, seine „Besonderheit" ausmachen. Systemsteuerung bedeutet genaugenommen also nicht die Reduktion von Komplexität, sondern die strategische Fokussierung von Komplexität. „Keep it simple" mag in Zeiten schneller und griffiger Schlagworte und Methoden eingängig wirken, aber herausragende Fähigkeiten sind immer das Ergebnis höchster Komplexität. Es bleibt eine zentrale Aufgabe der Markenführung, eben diese Komplexität kommunikativ zu verhüllen. Coca Cola ist ein Erfrischungsgetränk, dass dahinter eine generationenübergreifende Kommunikationsgeschichte und ein sensibles Tarieren von empfangenen und ausgesandten Signalen über ein Jahrhundert steckt sowie ein feinst ausgeklügeltes globales Vertriebs- und Distributionsnetz, findet an Milliarden Kontaktpunkten unterhalb der Oberfläche statt.

> ⯈   Systemkontrolle und -steuerung bedeutet nicht die Reduzierung der
>   Komplexität, sondern die Betonung der Funktionen, die zur Bewah-
>   rung der Individualität nötig sind. Ansonsten läuft ein System Gefahr,
>   seine autonom verankerten und lebenssichernden Anpassungsfähig-
>   keiten zu verlieren.

3.2   Komplexität

Was heißt Komplexität? Der Begriff der Komplexität erlebt seit einigen Jahren, vor allem seit Digitalisierung und Technisierung aller Lebensbereiche eine inflationäre Verbreitung: Organisationen und Familienkonstellationen sind plötzlich komplex, selbst ein Beziehungsstatus charakterisiert sich demgemäß als komplex. Im Alltag impliziert die Vorstellung der Komplexität etwas kompliziertes. Ein Problem lässt sich nicht ausgewogen und langfristig durch eine einfache Strategie lösen, weil es viele Akteure und Einflussfaktoren gibt.

Der Physik-Nobelpreisträger Gerd Binning erklärte Komplexität wie folgt: „Komplexität ist ein äußerst schwieriger Begriff, der meines Wissens noch nicht sauber definiert wurde. Je mehr Informationen innerhalb eines Systems und mit einem System ausgetauscht wird, desto komplexer ist es wohl. Wieviel Information steckt in einem einzigen Lebewesen? [...] Es steckt darin die Information, wie die Umwelt des Lebewesen aussieht, weiterhin die Information, wie seine Organe funktionieren, seine Zellen aufgebaut sind, wie Makromoleküle, wie Moleküle, wie Atome ..., wie die Dimensionen des Raumes gebaut und aufgebaut sind usw. [...] Daraus folgern wir: Die Komplexität jedes Systems ist unfaßbar [sic!] groß. Ob sie unendlich ist oder nur unfaßbar groß, ist dabei im Moment nicht so wichtig. [...] Es war die Hoffnung der Physiker, daß die Komplexität für elementarere Untersysteme kleiner werden würde. [...] Geht man jedoch noch weiter ins Detail, wird es wieder komplizierter. Darüber hinaus ist kein Ende des Zerhackens in Untereinheiten abzusehen. Die Komplexität scheint tatsächlich an keinen Grenzwert zu stoßen, wenn man immer genauer hinschaut." (Binning 1997, S. 234–235).

Beschaut man sich lebende Systeme so wird die Komplexität noch unübersichtlicher, da noch nicht einmal klar ist, was das Unternehmen in Hinblick auf seine Präsenz alles umfasst – viel mehr als nur Werbung oder PR. Es bestehen also keine übergreifenden Referenzeinheiten, die normalerweise die Grundlage für einen wissenschaftlichen Vergleich sind. In der Regel besteht ein Unternehmen aus spezialisierten Abteilungen, die miteinander in Kommunikation treten müssen, um schließlich die gewünschten Effekte und Ergebnisse, beispielsweise die Herstellung oder Bereitstellung einer Ware oder Dienstleistung zu erzielen. Diese Abteilungen bilden ihrerseits Untereinheiten, die miteinander kommunizieren und in Wechselwirkung durch Feedbackschleifen treten. Dabei sind die Inhalte der Kommunikation, die möglichen Optionen und Auswirkungen wiederrum höchst vielfältig, um nicht zu schreiben unüberschaubar. Der Informationsfluss lebender Systeme muss situative Herausforderungen meistern, also die oben beschriebene Kreativität aufweisen, aber dabei seine Grundstruktur, seinen genetischen Code reproduzieren. Stafford Beer nannte diesen Vorgang treffend „das Prinzip der Vervollständigung von außen".

‣ Komplexität bedeutet die Anzahl der unterschiedlichen Varianten, die ein System bespielen kann ohne dabei seine spezifische Typik bzw. Wiedererkennbarkeit zu verlieren.

Systeme haben die Aufgabe, die unendlichen Möglichkeiten fokussiert zu begrenzen. So ist die bereits oben thematisierte „Familie als System" ein höchst erfolgreiches Komplexitätsreduktionsmodell menschlicher Evolution. In einer Familie werden sehr unterschiedliche Aufgaben meist unabgesprochen erledigt und ggf. Aufgaben (ohne Vertrag oder langwieriges Aushandeln) delegiert. Dieser systemische Austausch vollzieht sich tagtäglich im Kleinen und umfasst in der Regel die gesamte Lebenszeit. Dabei mögen sich geschichtlich und kulturell die Formen von Familie sehr unterscheiden oder sich (bis heute) verändern. Das soziale Konstrukt Familie bleibt aber transhistorisch und transkulturell eine Konstante des menschlichen Miteinanders.

Je größer das Verhaltensspektrum, desto schwieriger ist seine Kontrolle oder Steuerbarkeit in Hinblick auf erwünschte Ziele. Simpel zusammengefasst: Ein Staatssystem ist vielfältiger in seinen Präsenz- und Ausprägungsformen als eine Falafelbude. Die Besonderheit liegt also darin, dass komplexe Strukturen, wie Unternehmen, nie vollständig steuerbar sind. Denn ein Unternehmen ist bereits in Hinblick auf die involvierten Abteilungen und Unterabteilungen komplex, hinzukommt aber noch der Markt an sich, in welchem eine Anzahl anderer Akteure mit ebensolcher Komplexität agieren. Das Management dieser Komplexität verlangt, die Handlungen der anderen Marktteilnehmer zu antizipieren – ein Vorgang der neben Beobachtung und Marktforschung vor allem auf Annahmen, Wahrscheinlichkeiten und Vermutungen beruht.

‣ Kein lebendes System ist vollständig kontrollierbar.

3.3 Systeme kontrollieren und steuern

Um große Komplexität zu managen, müssen Unternehmen einen hohen Grad an Eigensteuerung aufweisen und Räume für diese Eigenentwicklung zulassen, gegebenenfalls sogar freikämpfen. Nur auf diese Weise tritt ein Zustand ein, der ein eigenständiges Ordnungssystem zum Leben erweckt. Neben Regelungswerken, die jedes wirtschaftliche System benötigt, gilt es, die Subsysteme so „laufen zu lassen", damit ein autonomes Funktionsnetzwerk ausgebildet wird, das sich selbst steuert und kontrolliert. Voraussetzung dafür ist, dass ein dokumentiertes, aber vor allem intuitives Grundverständnis über den Systemkern bei allen Mitarbeitern und Mitarbeiterinnen verankert ist. Dieser genetische Code definiert alle Leistungen und Handlungsabläufe eines Systems, lässt aber gleichzeitig Abweichungen von der Regel zu, um auf Basis dieser Mutationen Kreativität und damit möglicherweise zeitgemäße Lösungen für eine sich permanent verändernde Umwelt zu entfalten. Nur über Mutationen können auch neue, d. h. erfolgreiche Regeln für ein System entstehen und gelernt werden.

▷   Mutationen, d. h. Abweichungen von der Systemtypik sind Chancen
    über die Zeit relevant zu bleiben.

Für lebende Systeme bedeutet dies: Dynamik ist Evolution. Die Anzahl möglicher Erscheinungsformen ist in komplexen Zusammenhängen sehr hoch. Jedoch: Jedes lebende System hat sich, strukturell betrachtet, darauf festgelegt, die Anzahl der theoretisch unendlichen Möglichkeiten (Modi) zu begrenzen. Gewohnheit ist einer der kraftvollsten Optionenreduzierer. Als Beispiel: So funktioniert eine Sprache, weil sich die Sprechenden (unabgesprochen) darauf einigen, die grundlegenden Regelungen der Phonetik und Grammatik einzuhalten.

Reduktion und Kontrolle sind beides Begriffe, die heute eher negativ konnotiert sind. In Zeiten Hyper-Individualität und Autonomie möchten wir uns nicht einengen oder kontrollieren lassen. Hier geht es um eine andere Wortbedeutung: Kontrollieren meint einen Zusammenhang oder eine Interaktion sicherzustellen, zu regeln und zu lenken. Gegenstand der Kybernetik ist es, die Kontrolle eines optimalen Informationsaustausches innerhalb eines Systems, um die Lebensfähigkeit zu abzusichern. In dem vorliegenden Fall geht es vor allem darum, die „Monopolstellung im Kopf" der Menschen, die starke Marken einnehmen so zu steuern, dass es zu keinerlei Irritationen bei der Kategorisierung und Wahl (u. a. durch den Kauf) kommt.

Komplexität führt dazu, dass man sehr wenig über die Dynamik lebender Systeme weiß. Vor allem aber ist meist nicht bekannt, was nicht funktionieren würde. Verständnis heißt, dass Erkenntnisse einer stabilen Basis, also vergleichbarer Referenzpunkte bedürfen. Lernen ist nur möglich über den Vergleich. Da aber gerade innerhalb der Wirtschaft Markt und Akteure einem ständigen Anpassungsprozess unterworfen sind, wird es immer schwieriger aus bestimmten Sachverhalten eine übergreifende Regel oder überhaupt ein Wissen abzuleiten, schließlich verändert sich die Basis auf der diese Regeln abgeleitet werden permanent. Hinzukommen ökonomische Ziele, die die Kategorien für Erfolg anders definieren. Wenn Awareness (Bekanntheitssteigerung) in kürzester Zeit ein Gradmesser für (wirtschaftliche) Marktdurchsetzung ist, dann müssen keine Erwartungen, d. h. kollektiv geteilte positive Vorurteile verankert werden. Kurzzeitige Aufmerksamkeit entsteht durch Irritationen, Tabubrüche oder atypisches Verhalten eines Akteurs – nichts ist kommunikationstechnisch leichter zu erreichen. Die Inhalte dieser Aufmerksamkeit sind jedoch kurzlebig und nicht an ein spezifisches Leistungsmuster angebunden – jeder könnte sie für sich nutzen. Damit entwickelt sich allerdings keine Gedächtnis- und Gewohnheitsstruktur in den Köpfen der Menschen. Die Ökonomie der Warenwelt zeigt, dass lebende Systeme nur dann erfolgreich sind, wenn sie Musterbildungen vorantreiben und nicht versuchen immer wieder neu und ganz anders Resonanz zu erzeugen – der Aufwand ist jeweilig immens und ressourcenzehrend.

▶ Aufmerksamkeit ist in der Regel keine Kategorie für Erfolg, da die Inhalte zumeist außerhalb des Systems liegen und damit austauschbar sind. Über die Steuerung eines Systems sollen langfristig Transaktionskosten gesenkt werden.

In einer kybernetischen Management-Strategie wird die Komplexität lebender Systeme in Module gegliedert, die sämtliche Lebewesen kennzeichnen. Dies ermöglicht den Status der Module oder Systemstufen zielgerichtet aufzubereiten und in Hinblick auf ihre Qualität zu beurteilen. Die Kontrolle komplexer Systeme geschieht nicht durch die lückenlose Überprüfung sämtlicher Abläufe (was gar nicht möglich ist), sondern durch die Sicherstellung des Eigenregelungsvermögen des Systems. Verantwortliche im Unternehmen geben allein den Aktions-Rahmen bzw. Aktions-Korridor vor. So wie beim Schachspiel das Spielbrett und die Aktivitäten der Figuren geregelt sind, aber ansonsten das Spiel frei ist. Im Ergebnis ist Schach kein Spiel wie das andere und die Anzahl möglicher Spielzüge beträgt 10hoch155, also eine 10 mit 155 Nullen. Zum Vergleich: Die Milchstrasse umfasst 10hoch11 Sterne.

Die Kybernetik übernimmt die Analyse und die Organisation von Architekturen der Selbstorganisationen und Selbstregulierung. Das Ziel ist, nach Stafford Beer, simpel: Ein System soweit als möglich so zu organisieren, dass es sich möglichst selbst organisiert. Dies gelingt vor allem dann, wenn man ein weiteres Gesetz lebender Systeme berücksichtigt. Es ist in der Kybernetik unter dem Begriff „Ashbys law" bekannt und besagt, dass mit der Komplexitätssteigerung des Systems die Variabilität der Steuerungsmöglichkeiten ansteigen muss. Das bedeutet konkret: Um ein System zu kontrollieren, wird ebenso viel Komplexität

benötigt wie das System selbst. Das heißt: Ein System kann desto besser gesteuert werden, je mehr Informationen es über sich selbst hat. Folgende Beispiele:
Man kann eine Symphonie in der Regel nicht mit drei Tönen spielen, ein fünf
Gänge Menü lässt sich nicht mit nur einer Zutat zubereiten und die Bibel lässt
sich mit drei Begriffen nicht vom Urtext ins Deutsche übersetzen.

▶   Ziel des kybernetischen Management: Organisiere ein System so,
    dass es sich selbst organisiert.

Die Kunst einer evolutiven Führung ist, sich der begrenzten Führungsmöglichkei-
ten bewusst zu sein und sie als Stärke zu verstehen. Indem ein Manager gezielt
Freiräume lässt, befähigt er das System zur eigenbewegten Selbststeuerung. Das
Management des Systems allerdings wird strukturell nicht verändert: Auch wenn
es sich um ein vielschichtiges und heterogenes Ideen-Lebewesen handelt, so gilt
es weiterhin die Lebensarchitektur als Struktur herauszuarbeiten.

Dieses Vorgehen steht im Gegensatz zu einer mechanistischen Sichtweise und
Steuerung von lebenden Systemen, die versucht die Aktionen im Detail selbst
und nicht nur ihre Aktionskorridore festzulegen. Ein kybernetisches Management
versucht nicht eine absolute Funktionsbestimmung (wie beispielsweise bei einer
Software), sondern vor allem die Isolierung der Mechanismen und Prozesse, die
einen Körper lebensfähig machen. Ziel: Freiheitsgrade schaffen, damit sich ein
definiertes Muster ständig optimiert und sich auf diese Weise evolutiv ausbreitet.
Über die spezifische Funktionsweise hinaus versucht diese biologistische Sichtweise, sich über die Strukturmerkmale und Strukturmuster der Lebensfähigkeit
eines Systems klarer zu werden.

3.4   Ein Zugriff auf lebende Systeme nach Stafford Beer

„Viable Systems have the ability to make a response to a stimulus which was not
included in the list of anticipated stimuli when the system was designed. They
can learn from repeated experience what is the optimal response to that stimulus.
Viable systems grow. They renew themselves – by, for example, self-reproduction.
They are robust against internal breakdown and error. Above all, they continously
adapt to a changing environment, and by this means survive – quite possibly in
conditions which had not been entirely foreseen by their designer" (Beer 1981,
S. 256).

Stafford Beer hat ein Zugriffsmodell hinsichtlich der Steuerung lebender Systeme entwickelt, das die einzelnen Funktionsmodule freilegt und auf diese Weise

ihre ineinandergreifende Mechanik verdeutlicht. In seinen Kerngedanken ist es bis heute aktuell und bildet die Grundlage für kybernetische Managementmodelle. Denn die technischen Entwicklungen und der Digitalisierung des Lebensalltag bis hin zu ökonomischen Prozessen und Akteuren hat an der Struktur des lebender Systeme nichts verändert.

Die Theorie „Lebender Systeme" („Viable System Model – VSM") entwickelt Beer in seinem Buch „Brain of the firm" im Jahre 1972. Trotz der Orientierung am menschlichen Neurosystem bezieht Beer die Systematik auf alle Formen lebender Systeme, d. h. organische Lebewesen als auch Ideenlebewesen wie Staaten, Organisationen und Unternehmen.

Lebende Systeme kennzeichnet, dass sie ein Eigeninteresse aufweisen, um zu existieren. Dies gelingt, indem sich alle Systeme als abgeschlossene, abgrenzbare Einheiten verstehen. Sie sind aber durch bestimmte Eigenschaften und Mechanismen in der Lage zu lernen, sich anzupassen und damit zu evolvieren.

Dies beruht auf drei Grundeigenschaften, die lebende Systeme charakterisieren:

1. **Lebensfähigkeit**
2. **Rekursivität**
3. **Autonomie**

Zu 1.

Unter **Lebensfähigkeit** versteht Beer eine Form der Existenz, die über das „Dasein" hinausreicht und Entwicklungsmöglichkeiten bereithält. Dies gelingt, sofern das System für eine innere Stabilität sorgt, also weder in absoluter identischer Reproduktivität, noch in absoluter Anpassung an die Umwelt agiert. Der Systemtheoretiker Martin Adam führt aus „Das VSM ist somit ein Modell, in dem Regelkreise mehrstufig miteinander verbunden sind und so eine in ihrer Logik geschlossene Funktionsweise ermöglichen. Diese, auf sich selbst bezogene Funktionsweise ermöglicht dem System, sich Umfeldveränderungen anzupassen, zu lernen, zu entwickeln, seine Teile zu koordinieren und zu integrieren […] Gleichzeitig ist es in der Lage, diese Organisation aufrechtzuerhalten und so eine interne Stabilität zu gewährleisten. All das befähigt das System, effektives Verhalten zu selektieren und dadurch die externen und internen Komplexitäten zu bewältigen" (Adam 2001, S. 51–52).

Zu 2.

Rekursivität oder „Theorem der invarianten Struktur" (Beer 1979, S. 73) bedeutet, dass jedes lebende System Bestandteil eines lebenden System ist und in seinen Unterkategorien ebenfalls aus lebenden Systemen besteht. Dieses fraktale (im markensoziologischem Sinn selbstähnliche) Prinzip lässt sich auf alle Ebenen eines beliebigen Systems beziehen und macht somit die Analyse empirischer Sachverhalte praktikabel. Beer betont: „Then if we have a model of *any* viable system, it must be recursive. That is to say, at whatever level of aggregation we start, then the whole model is rewritten in each element of the original model, and so on indefinetely" (Beer 1973, S. 5).

Zu 3.

Die **Autonomie** eines Systems umfasst das Eigeninteresse eines jeden Systems, seinen Bestand zu sichern. Als zentrale Erkenntnis formuliert Beer: „Autonomy [is] the freedom of an embedded subsystem to act on its own initiative, but only within the framework of action determined by the purpose of the total system" (Beer 1985, S. 105).

Autonomie setzt also die Freiheit eines Systems voraus, sein Verhalten zu bestimmen. Da jedes Teil eines Systems selbst wieder ein lebendes System ist, verfügt es auf allen Ebenen über Autonomie – in den jeweiligen Aktionsrahmen. Jedoch: Alle Systembestandteile sind Elemente eines übergreifenden Systems, dass selbst ein vitales Eigeninteresse aufweist, sein originäres Bestehen zu sichern. Autonomie ist daher stets ein Wechselspiel zwischen Eigen- und übergreifenden, zentralen Interessen. Adam führt aus: „Die Systeme [...] sind mit den notwendigen und hinreichenden strukturellen Bedingungen ausgestattet, um ihre eigenen Aktivitäten zu erfüllen. [...] So agieren die Länder eines Bundesstaates in vielen Fragen autonom, ohne dass sich die Bundesregierung im Detail darum kümmern muss. Die vertikale Komponente des VSM dient hingegen dem Zusammenhalt des Systems. Der erfolgt über [...] Interventionen" (Adam 2001, S. 54).

Beer differenziert in seinem Zugriff in fünf Module, wobei die Module 1–3 operativ ausgerichtet sind, während die Module 4 und 5 strategisch, d. h. zukunftsgerichtet sind und nicht in das Tagesgeschäft eingreifen:

Operatives Modul 1 (Können und Tun)

Die Produktionskammern eines Systems, die direkt mit der Umwelt in Beziehung stehen. Bezogen auf ein Unternehmen beispielsweise die Produktion,

Forschung und Entwicklung oder der Vertrieb – also alle Abteilungen, die zur tagesgeschäftlichen Realisierung der Leistung beitragen. Modul 1 produziert eindeutige Kennziffern, wie Nachfrage, Preis, Rohstoffbedarf.

Operatives Modul 2 (Orientierung und Abstimmung)
Unternehmensleitung, die die Signale aus 1 gebündelt erhalten, überprüfen und den In- und Output von Modul 1 anweisen sowie die Erkenntnisse und Kennziffern an Modul 3 weiterleiten.

Operatives Modul 3 (Organisieren, Verwalten, Optimieren)
Kontrolliert den Zugriff auf den Output des Systems und überprüft die Vorgaben.

Modul 1, 2 und 3 erlauben durch ihren tagesgeschäftlichen Fokus sowie die Aufbereitung der steuerungsrelevanten Informationen, die strategische Ausrichtung des lebenden Systems durch Modul 4 und 5. Jedoch treten die Module 4 und 5 bereits in Aktion, sofern sich im tagesgeschäftlichen Produktions- und Abnahmeprozess Anomalien oder fundamentale Unvorhergesehenheiten ergeben sollten.

Strategisches Modul 4 (Planung, Interaktion, Beziehungspflege)
Definiert die Vorgaben und schätzt neuartige Herausforderungen und Trends ein, plant (auf Basis der Möglichkeiten des Systems in Modul 1) angenommene externe Bedarfe – passt gegebenenfalls die Möglichkeiten des Systems an. Dies ist allerdings nur systemerhaltend möglich, insofern eine zentrale Instanz Ziele und Bewertungskriterien definiert hat.

Strategisches Modul 5 (Identität und Ziele)
„Normative Ordner", dass heißt Stil, Typik und schöpferische Idee des Systems.

In einer kybernetisch-markensoziologischen Perspektive ist Modul 5 das zentrale schöpferische Kraftzentrum. Es ist ein oftmals eigensinniger Gestalteinfall eines Gründers, der die Wirklichkeit in einem ganz spezifischen Bereich oder einer Branche auf seine Art und Weise interpretiert. Dieses erdachte System kann sich jedoch nur durch Wahrung, Entfaltung und ständige selbstähnliche Reproduktion aktuell und zukünftig lebensfähig erhalten (Gestaltsystemik). Alle Lebensäußerungen eines Systems müssen sich hinsichtlich dieser Existenzidee prüfen lassen – ein Umstand der in der Markensoziologie als „Selbstähnlichkeit" bezeichnet wird.—

▶ Beers Modell lebender Systeme liefert nicht nur die Struktur, um
Systeme in ihrer Funktionsweise übergreifend zu verstehen, sondern
es beruht auf der Erkenntnis, dass innerhalb der einzelnen Module
wiederum die 5-Module en miniature, also verkleinert, wirksam sind.
Ein Vorgang der als „Selbstreferentialität" bezeichnet wird und den
Adam wie folgt beschreibt: „Durch die Anpassung verändert sich
die Struktur von Milieu und Lebewesen, nicht aber die autopoieti-
sche Struktur und damit auch nicht die Identität des Systems" (Adam
2001, S. 105).

3.5 Steuerung von Marke als lebendes System

Auch Marke ist ein Ideenorganismus und deshalb als ein lebendes System im
Beer'schen Sinne zu verstehen. Marke ist ein spezifisches Organisationsmuster.
Ausgehend von einer schöpferischen Idee für ein bestimmtes Leistungsangebot,
wächst sie zu einem Markenorganismus heran. Dieser Markenorganismus ist in
seiner Idee, in seinem Stil und in seiner Typik ein in sich abgeschlossenes und
abgrenzbares System, das sich wiederum in einzelne Organisationsbereiche differenzieren lässt. Dieses abgeschlossene und abgrenzbare System wird bei den
Menschen erst dadurch für Menschen als Marke erkennbar. Apple, Nutella oder
Demeter sie alle bestehen aus einem einzigartigen Organisationsmuster. Innerhalb
dessen bestimmte Organisationsbereiche für die Öffentlichkeit mehr oder weniger
relevant sind. Während für Demeter die Produktion ein entscheidender Aspekt für
die Kommunikation darstellt, ist dieser für Nutella geradezu uninteressant. Apple
hingegen setzt seine technischen Entwicklungen in Szene, der Produktionsab-
lauf spielt für die Erfahrbarkeit der Produkte kaum eine Rolle (Abb. 3.1). Die
nachfolgende Abbildung beschreibt den Sachverhalt klarer: Dafür wurde das im
vorhergehenden Kapitel dargestellte „Viable System Model" von Beer in seiner
Grundidee abstrahiert und auf die Markensoziologie übertragen. Ziel ist es, den
Zugriff auf das „lebende System Marke" nachvollziehbarer und steuerbarer zu
verdeutlichen.

Marke ist stets Teil der uns umgebenden Lebenswirklichkeit, aber was meint
Wirklichkeit? Der Duden beschreibt Wirklichkeit als „Bereich dessen, was als
Gegebenheit, Erscheinung wahrnehmbar, erfahrbar ist." Marken treten hier als
erfahrbare Fiktionen in Erscheinung. Noch einmal erinnern wir uns: Der Mensch
wählt in globalen Warenmärkten aus zwischen H&M und Louis Vuitton, zwischen
Fiat und Porsche. All diese Marken helfen/zwingen uns, uns selbst zu verorten

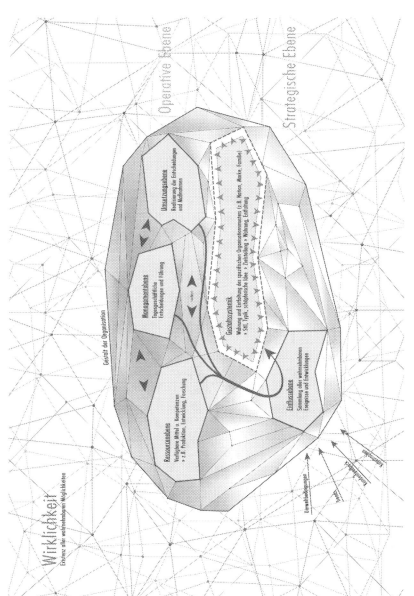

Abb. 3.1 Eigene Abbildung: Marke als lebendiger Organismus Grafik: Lukas Dier, Oliver Errichiello und Marius Wernke

und uns in einer hyperkomplexen Welt zurechtzufinden. Marke interpretiert die Wirklichkeit mit einem Produkt oder ihrer Dienstleistung auf stilistisch eigensinnige und typische Weise. Erst dadurch wird sie sichtbar in einer unendlichen Anzahl von natürlichen und von Menschen geschaffenen lebenden Organismen. Diese befinden sich – wie von Beer beschrieben – in einem ständigen Balanceakt zwischen Reproduktivität und Anpassung.

▸   Markensysteme sind lebendige Organismen in einem stetigen Balanceakt zwischen Reproduktivität und Anpassung. Wahrnehmbare lebendige Organismen werden in der Soziologie als Gestalt bezeichnet.

Der **Gestaltkörper der Organisation** ergibt sich, in dem das Leistungssystem in seinen Wahrnehmungen aufeinander abgestimmt wird – zu einer Einheit gebracht wird. Ein Beispiel: Neben einer hochwertigen Materialverarbeitung werden bei Louis Vuitton die Handtaschen von den Verkäufern nur mit weißen Baumwollhandschuhen angefasst. Die Taschen werden singulär präsentiert und eben nicht in 100facher Ausführung an einen Ständer gehängt. All diese Komponenten werden zu einer ästhetischen Einheit zusammengeführt. Sie forcieren ein Urteil, das Lous Vuitton im Luxus verortet und den Preis undiskutabel erscheinen lässt.

Um den Markenorganismus nun systematisch zu steuern. Differenzieren wir ihn in eine **operative** – und eine **strategische Ebene**. Die **operative Ebene** ist für das Tagesgeschäft zuständig. Sie besteht aus der **Ressourcenebene,** der **Managementebene** und der **Umsetzungsebene.** Alle drei Bereiche stehen in einer ständigen **Feedbackschleife:** Umsetzung, Prüfung, Optimierung. Dieser Prozess dient der kontinuierlichen Weiterentwicklung des Tagesgeschäfts, ohne die grundlegenden Erfolgsfaktoren infrage zu stellen. Es sichert nach Beer die Lebensfähigkeit des Organismus, um sich an verändernde Umweltbedingungen Änderungen unkompliziert anzupassen.

Die **Ressourcenebene** hat die Aufgabe, die verfügbaren Mittel zu organisieren, zu produzieren und weiterzuentwickeln. Dazu gehören die Bereiche Produktion, Entwicklung und Forschung. Sie dienen der selbstähnlichen inkrementellen Entwicklung. Es ist die Intensivierung von Prozessen und Abläufen während des Tagesgeschäfts. Die Ressourcenebene bildet nach Stafford Beer **Modul 1** ab, in dem das Fundament für ein erfolgreiches Können und Tun geschaffen wird. Hier werden die Leistungen erfahrbar gemacht. Produkt und Dienstleistung werden erstellt. Im Einklang mit der **Gestaltsystemik** werden sie verkauft. Dabei werden die Waren durch Werbung und Kommunikation mit ihrer

Leistung entsprechend positioniert und systematisch in den Köpfen der Menschen verankert. Oberstes Ziel ist dabei, Gewohnheitsstrukturen aufzubauen und ein bis zwei positive Vorurteile gegenüber den Waren und der Marke zu festigen. Dazu werden die Population (Konsument, Käufer, Kunde, Kundschaft und Kenner) durch CRM Systeme schematisch gemeinsam mit dem Marketing und der Distribution bespielt. Alle Maßnahmen sind darauf ausgelegt die Wertschöpfung zu steigern, in dem an den unterschiedlich ausgeprägten Gewohnheiten und positiven Vorurteilen der Menschen angeknüpft wird.

Die **Managementebene** dient dabei dazu, den Mitarbeitern in der Erstellung der tagesgeschäftlichen Leistungen den Rücken frei zu halten, sie in ihrer Arbeit abzusichern und sie bei ihrer Höchstleistung unterstützend zu begleiten. Bemerkenswert ist in der Weiterentwicklung der kybernetischen Logik, dass sich das Management der Organisation absichtlich unterordnet. Das heißt auch, das Management dient dem System, nicht umgekehrt. Dabei kann es strategisch sinnvoll sein, die Organisation mit einer Leitfigur zu verknüpfen, die öffentlich in Erscheinung tritt, um die Organisation visionär, menschlicher oder weiblicher wirken zu lassen. Beispiele sind: Steve Jobs (Apple), Mark Zuckerberg (Facebook) oder Tina Müller (Douglas). Das Management repräsentiert nach Beer das **Modul 2**: Orientieren und Abstimmen. Das Management verwertet die Information von **Modul 1** und vermittelt an **Modul 3.**

Die **Umsetzungsebene** realisiert alle erdachten und entwickelten Maßnahmen. Und bildet damit **Modul 3** von Stafford Beer ab: Organisieren, Verwalten und Optimieren. Die Umsetzungsebene misst in der Realisierung die Resonanz und Erfolg der jeweiligen Maßnahme.

Die **strategische Ebene** dient dazu, den tagegeschäftlichen Motor der Organisation zu schützen und zu stabilisieren. Sie orientiert sich an den von Beer geschaffenen **Modulen 4 und 5.**

Aus diesem Grund müssen **Umweltveränderungen, Trends, Katastrophen** und **Kundenfeedback** immer zuerst strategisch bewertet werden. Dazu werden im Bereich der Einflussebene all diese externen Faktoren gesammelt bewertet und ggf. an das Management weitergegeben. Dabei durchläuft jeder externe Einfluss den Prozess, markenspezifisch in die Organisation eingebettet zu werden. Diese teilweise autoritäre Aufgabe kommt der **Gestaltsystemik** zu.

Sie dient in erster Linie dazu, die Gewohnheitsmuster der Kundschaft zu erhalten und gleichzeitig so viel Veränderung zuzulassen, um die Marke dem Zeitgeist entsprechend anzupassen. Sie ist markentechnisch so wichtig, weil sie dafür sorgt, die Marke als das Besondere und Unvergleichbare zu erhalten und weiterzuentwickeln.

Apple, Disney Land oder Miele. Sie alle müssen ihr spezifisches Organisationsmuster in jeder Markenbegegnung erfahrbar machen. Dafür sorgt die
Gestaltsystemik in jedem Teilbereich im Inneren und Äußeren der Marke. Dabei
folgt die Gestaltsystemik immer dem gleichen Muster: Sie greift den Stil, die
Typik und die schöpferische Idee der Marke auf. Sie definiert die ideale Ziel-
stellung. Im letzten Schritt wird durch Wahrung und Entfaltung der Marke die
jeweilige Leistung oder Element in das Unternehmen integriert.

▶   Aus dieser Vielzahl von Leistungen, die von diesem lebendigen
    Organismus erbracht werden, ergibt sich ein spezifischer Marken-
    körper. Dieser Markenköper ist systematisch managebar.

3.6   Exkurs: Als die Theorie praktisch wurde – Das Projekt „Cybersyn"

Am 12. November 1971 trafen der neu gewählte Präsident Chiles Salvador
Allende und Stafford Beer zusammen – ein ungewöhnlicher Termin zwischen dem sozialistischen Politiker und dem kybernetischen Wissenschaftler
und renommierten Unternehmensberater. Zuvor hatte die Unidad Popular, eine
demokratisch ausgerichtete sozialistische Sammlungsbewegung unter der Führung Allende, in Wahlen die Mehrheit errungen und macht sich auf den Weg den
Umbau von Gesellschaft und Wirtschaft voranzutreiben.

Thema des Gespräches zwischen Allende und Beer ist die Steuerung der
gesamten chilenischen Wirtschaft auf Basis eines neuartigen kybernetischen
Modells unter dem Namen „Cybersyn" (bzw. "Synco" auf spanisch). Es geht
um nicht weniger als die kybernetische Steuerung der zuvor verstaatlichten
chilenischen Betriebe innerhalb kürzester Zeit umzusetzen. Die Daten sollten
Ordnung ins Chaos bringen und eine bleierne Bürokratie aushebeln – Beer formu-
lierte: „The answer is data-feed". Diese Aussicht verleitete das britische Magazin
Observer am 7. Januar 1973 zu der Titelzeile: „Chile run by Computer".

Kern des Steuerungsinstrumentes, ist Beers VSM, das die Wirtschaft flexibel an die Bedürfnisse der Bevölkerung anpassen soll. Allende, Mediziner von
Beruf, kann die biologisch fundierte Denkweise und Funktionalität eingängig
nachvollziehen. Beer kommentiert Jahre später diese Momente: „I explained
the whole damned plan and the whole viable system model in one single sit-
ting – and I've never worked with anybody at the high level who understood
a thing I was saying" (zit. nach Medina 2006, S. 572). Das Projekt verfügt

zusätzlich über ein „Echtzeit"-Informationssystem („liberty machine") und eine Struktur von teilautonomen Berichtssystemen, die sich flexibel an die Umwelten anpassen sollte. Daraus entstand das sogenannte Cybernet, ein Netzwerk aus Telex-Maschinen, das die Unternehmen Chiles verband und die individuellen wirtschaftlichen Kennziffern, Produktionszahlen und Bedarfe zum zentralen IBM-Grossrechner in Santiago de Chile funkte.

Ganz im Gegensatz zu den zentralistischen und unflexiblen Modellen der Staatswirtschaft in der Sowjetunion und ihrer Partnerstaaten setzt Allende auf die direkte und unmittelbare Partizipation der Betriebe und Mitarbeiter (sog. „friedlicher Weg zum Sozialismus"). Besonders gefällt Allende die Konzentration auf Modul 5 in Beers Modell: „Identität und Ziel" des „lebenden System chilenischer Wirtschaft" ist für ihn „el pueblo" (das Volk), wie Beer später ausführt.

Nachdem Allende das Projekt unterstützt und Beer auffordert, es voranzutreiben, entsteht in kurzer Zeit ein konkretes Steuerungsinstrumentarium, dass neben vielen technisch-computergestützten Innovationen in einen sog. Opsroom mündet, der bis heute den kybernetischen Ansatz ikonenhaft verdichtet (Gestaltung durch den Deutschen Gui Bonsiepe). Der Opsroom war das Steuerungszentrum, bzw. „das Gehirn" der chilenischen Wirtschaft, in dem sämtliche Informationen aus allen verstaatlichten Betrieben des Landes systematisiert zusammenkamen, sodass Beer betonte, es sei „not science fiction, it is science fact" (Beer 1973, 21). Der Opsroom wurde für seine eigentlichen Aufgaben nie in Betrieb genommen.

Beer macht nach Fertigstellung darauf aufmerksam, dass „Cybersyn" nur funktionieren wird, sofern die Systemakteure, also die Menschen, dieses lebende System als System akzeptierten und zu wissen lernen würden damit umzugehen und zu arbeiten. In der Praxis, so Medina, wurde dieser Anspruch nicht erreicht: Die Mittel und Instrumente erwiesen sich in der Handhabung und Steuerung als zu kompliziert (computergestützte Systeme waren bis zum Ende der 1980er Jahre im Alltag noch weitgehend unbekannt), aber auch die Cybersyn-Verantwortlichen waren nicht in der Lage, die erhaltenen Informationen sinnvoll zu interpretieren, auf die Besonderheiten der jeweiligen Industrien zu beziehen um damit adäquat zu steuern.

Am Morgen des 11. September 1973 putschte das chilenische Militär unter der Führung von General Alfonso Pinochet. Allende und seine engsten Mitarbeiter starben – eine demokratische Zivilgesellschaft hörte auf zu existieren.

Das Militär unternahm in den folgenden Wochen den Versuch, das „Cybersyn"-System zu verstehen, schließlich, wurde der Opsroom abgebaut. Das kybernetische Projekt verschwand für viele Jahre aus dem kollektiven Gedächtnis Chiles und der Welt.

Stafford Beer prägten diesen Erfahrungen und Erinnerungen nachhaltig. Er zog sich für gut zehn Jahre aus der Öffentlichkeit zurück und setzte sich in den Folgejahren für den sozialen und ökologischen Ausgleich der Weltgemeinschaft und – für die 1980er Jahre sehr vorausschauend – eine planvolle und ressourcenschonende Volkswirtschaft und Politik ein.

Literatur

Adam M (2001) Lebensfähigkeit sozialer Systeme. Stafford Beer's Viable System Model im Vergleich. Dissertation an der Universität St. Gallen

Beer S (1973) Fanfare for Effective Freedom. The Third Richard Goodman Memorial Lecture. http://www.kybernetik.ch/dwn/Fanfare_for_Free-dom.pdf. Zugegriffen: 27. Sept. 2020

Beer S (1979) Heart of the enterprise. Wiley, Chichester

Beer S (1981) Brain of the firm. Wiley, Chichester

Beer S (1985) Diagnosing the system for organizations. Wiley, Chichester

Binning G (1997) Aus dem Nichts. Piper Verlag München, Über Kreativität von Natur und Mensch

Malik F (2006) Systemisch-kybernetisches Management und die Bedeutung von Marken. In: Deichsel A/Meyer H (Hrsg) Jahrbuch Markentechnik 2006/2007. Deutscher Fachverlag, Frankfurt/M

Medina E (2006) Designing Freedom, Regulating a Nation: Socialist Cybernetics in Allende's Chile. In: Journal of Latin American Studies, Cambridge

„Wirklichkeit" auf Duden online. https://www.duden.de/node/206266/revision/503219. Zugegriffen: 29. Jan. 2022

Die Marke als Bündnis 4

Marke ist eine alte, aber weiterhin brandaktuelle Form menschlicher Versammlung auf Basis einer Idee. Das Phänomen Marke lässt sich betriebswirtschaftlich nicht herleiten, sondern allenfalls beschreiben. Eine betriebswirtschaftliche Perspektive skizziert die Oberfläche, die Wirkungen eines Sachverhaltes und ist daher nicht in der Lage, die ursächlichen Mechanismen und Dynamiken des Systems Marke zu entschlüsseln. Es gilt also zwischen Ursache und Wirkung zu trennen. Denn Menschen handeln in den allerwenigsten Fällen, im Sinne des „homo oeconomicus": Rational und überlegt. Menschen sind so gut wie nie nur „Verbraucher". Menschen wählen, wägen ab und haben Freude an der Kaufentscheidung. Jede Konsum-Entscheidung integriert neben rationalen Abwägungsfeldern also ebenso soziale und psychologische Faktoren: Wir sehen bei einem Produkt oder einer Dienstleistung immer viel mehr als nur den reinen Gebrauchswert, sondern eben auch den (gefühlten) Tauschwert. Wenn Karl Marx einen Tatbestand mit Recht bewusst gemacht hat, dann diesen: Waren sind vergegenständlichte Sozialbeziehungen. Produkte oder Dienstleistungen sind nicht leblos; sie sind aufgeladen mit Vorstellungen, Zuschreibungen und Bildern. Anders gewendet: Waren sind erst als Subjekte Objekt; erst wenn sie uns etwas bedeuten, üben sie Anziehung aus.

▶ Der Mensch ist nicht ausschließlich ein absolut rationaler Verbraucher, sondern er wählt seine Waren und Dienstleistung nach dem Gefallensprinzip aus.

Ein erfolgreiches Unternehmen kennzeichnet eine einmalige und unverwechselbare Kultur. Normalerweise ist unser Verständnis von Kultur geprägt von künstlerischen Leistungen in Malerei oder Musik, doch diese Sichtweise greift zu kurz. Kultur ist, wissenschaftlich betrachtet, zunächst ein menschlich-schöpferischer

O. Errichiello und M. Wernke, *Ordnung im Chaos – Kybernetik der Markenführung,* essentials, https://doi.org/10.1007/978-3-662-65192-6_4

Gestalteinfall, der aufrecht erhalten und entfaltet wird. Kultur ist wie man isst, was man kocht, wie man feiert oder seine Häuser baut. Kultur ist ebenso, wie eine Marke ein Produktsegment interpretiert. Eine Bild-Zeitung interpretiert die Wirklichkeit anders als die Neue Zürcher Zeitung. Die jeweilige Kultur oder der genetische Code einer Marke bildet den sog. immateriellen Wert eines Unternehmens, die Anziehungskraft eines sozialen Gebildes ab. Marken strukturieren die soziale Wirklichkeit durch ihre Gestaltideen.

Marken strukturieren Märkte, indem sie eine unterschiedlich große Zahl von Menschen dazu bewegen, gegen einen Geldwert nachzufragen. Die bezahlten Preise erzielen als Produkt aus Menge x Preis x Zeit eine quantifizierbare Form wirtschaftlicher Wertschöpfung. Der Preis ist daher genaugenommen das Knowhow, soziale Wertschöpfung in ökonomische Wertschöpfung zu transferieren.

Die Analyse der Organisation von Systemen zueinander, aber vor allem in ihren inneren Lebensprozessen ist eine spannende Aufgabe. Dabei gilt: Es gibt kaum ein System, welches universaler in der heutigen Epoche in Erscheinung tritt, als die Marke. Marken sind normative Ideenlebewesen der Welt. Und das bereits seitdem Menschen Handel betreiben: Marken sind kein neuartiges Phänomen, auch wenn die Bezeichnungen und Modebegriffe, die im Zusammenhang mit der Marke fallen, etwas anderes suggerieren. Zwar mag sich die Bedeutung und Gestaltung sehr von unseren heutigen Vorstellungen einer Marke unterscheiden, traten bereits vor mehr als 2000 Jahren Merkmale auf, die das lebende System Marke bis heute ausmachen (Errichiello 2017).

➢   Marken sind Determinanten der menschlichen Zivilisation. Ihre Funktion und Wirkmechanismen haben sich seitdem Menschen Handel betreiben strukturell nicht verändert.

Das Problem ist, dass heute die Ökonomie die soziale Wertschöpfung kaum adäquat und vor allem prozessual abzubilden vermag. Das ist nur folgerichtig, wenn versucht wird, ein soziales Phänomen vornehmlich auf Basis mikroökonomischer Kennziffern und Parameter zu erklären. Stattdessen muss es darum gehen, sich der wirtschaftlichen Realität nicht (nur) über punktuelle und ständig „innovative" Marktsegmentierungsmodelle, sondern (vor allem) über eine fundierte Struktur- und Prozessanalyse zu nähern. Auf diese Weise stellt sich heraus, dass das soziale Zusammenleben (zu der auch die Ökonomie gehört) zeit-, disziplin- oder branchenübergreifend nach bestimmten Mustern oder in bestimmten Struktureinheiten abläuft – ähnlich den Mustern, die die eingangs beschriebene Bahnhofskamera dokumentiert hat.

Die Konzentration auf „Aktions- und Prozesseinheiten" erlaubt eine dezidierte Analyse des Status quo, der Unzulänglichkeiten, Blockaden oder Optimierungsoptionen eines Systems. Dabei wird deutlich, dass Unternehmen nicht nur in einen (wie auch immer ominösen) Markt senden, sondern auch Handlungen zwischen Unternehmen und Mensch hervorrufen und damit strukturieren – ihr eigentliches ökonomisches Kraftfeld. Dieses Kraftfeld reicht sogar soweit, dass Menschen ohne ein bestimmtes Produkt oder einen bestimmten Urlaubsort, unglücklich sind. Das heißt: Unternehmen bedingen Interaktionen. Ökonomische Prozesse bedingen tiefste Gefühle. Träger dieser Interaktion ist die Marke, die in ihrer fundamentalen Kraft heutzutage in der Lage ist Zeiten, Kulturen und politische Systeme zu überwinden.

Die Marke ist ein soziales Strukturierungsinstrument, dass sowohl das Unternehmen wie die Öffentlichkeit umfasst und das Beobachten und Agieren in Märkten steuerbar macht. Marken als Ideenlebewesen sind kein Selbstzweck, sondern ihre Persistenz und Stabilität bedingt ihr spezifisches System zu erhalten und auszudehnen.

▷   Marken sind Ideenlebewesen, die die Umwelt in erkennbare Einheiten gliedern.

4.1   Die Marke als lebendes System

Sofern die Kybernetik lebende Systeme steuert, so ist einer der komplexesten Ideen-Organismen unserer Zeit die Marke. Freilich nur, wenn die Marke über einen klassisch ökonomisch-juristischen Fokus hinaus tiefgründiger betrachtet wird als ein „schutzfähiges Zeichen" oder als „Imageträger".

Die Marke ist vielschichtig und gleichzeitig so präsent wie kaum ein anderes Wirtschaftsobjekt. Marken sind Assets – teilweise ist die Marke der eigentliche Wert eines Unternehmens. Welche Faktoren und Eigenschaften kennzeichnen starke Marken, deren Wert für Google 323,6 Mrd. US-Dollar, für Facebook 147,19 Mrd., für Coca Cola 84,02 Mrd. und Starbucks 47,75 Mrd. US-Dollar beträgt? Der Wert der Vermietungsplattform Airbnb wird 2020 mit 32 Mrd. US-Dollar taxiert (Statista 2020). Der Wert einer digitalen Plattform wie Airbnb oder Facebook lässt sich nicht über den Bestand an Maschinen, Hotels oder „harten Gütern" erklären (da es sie fast nicht gibt), sondern allein über einen Sachverhalt, den die Markensoziologie als „positives Vorurteil" bezeichnet. Diese Marken haben einen zu ihren faktischen immobilen Gütern exorbitanten Wert, da es ihnen gelungen ist, bestimmte Erwartungshaltungen und Gewohnheitsmuster, mitunter global kollektiv zu verankern. Was für globale Marken gilt, wirkt ebenso bei Kleinunternehmen: Beim Verkauf eines erfolgreichen Restaurants verkauft der Eigentümer mehr als Stühle, Tische und Töpfe. Im besten Fall „übergibt" der Pächter seine durch gute Leistungen gewonnenen positiven Vorurteile in den Köpfen der Gästeschaft an den Nachfolger. Er verkauft also Kalkulationssicherheit durch Umsatzwahrscheinlichkeiten. Markenkraft ist demnach keine Frage wirtschaftlicher Größe.

Die Marke stellt sich als ein, wenn nicht der wirksamste Hebel heraus, um in hochkomplexen Märkten Werte zu vermitteln, Chancen zu sichern und Risiken abzumildern. Marken stellen einen faktischen finanziellen Wert dar – Value of Brand Equity. Bei einer Veräußerung kann der erzielte Erlös ein Vielfaches des bilanzierten Wertes betragen. Gewinnbringend sind also das mit der Marke verbundene positive Vorurteil und die daraus zu erwartenden Profite.

Zur Beurteilung des Wertes haben sich zwei Paradigmen herausgebildet. Eine rein finanzwirtschaftliche Perspektive, die auf vergangene, gegenwärtige und mögliche zukünftige Zahlungsflüsse ausgelegt ist und zweitens die verhaltenswissenschaftliche Perspektive, die auf Basis von Kundenbefragungen bspw. den Bekanntheitsgrad und die Vertrautheit misst und daraus einen Markenwert errechnet (vgl. Hellmann 2019). Es geht darum, die Erkenntnisse im Feld „gefühlter Werte" herauszuarbeiten und planvoll zu instrumentieren.

Bis weit in den fachspezifischen Diskurs der klassischen Ökonomie hinein, ist die Marke als Teil des Unternehmens die „große Unbekannte". Im Kontext von „hard facts" und KPIs wird das, was Marke ist höchst vielschichtig betrachtet. Ist der unternehmerische und auch der akademische Alltag ansonsten geprägt von Kennziffern, Belegen und Verweisen, so entzieht sich die Marke der bestimmenden Zahlenlogik in weiten Teilen. Was ist belastbar? Was ist der Wert einer Marke? Was ist *überhaupt* eine Marke? In Zeiten einer dezidierten digitalen Marktanalyse scheint das soziale Bündnissystem Marke als betriebswirtschaftliches Objekt antiquiert und bestenfalls kompliziert. Eben hier liegt die Verwandtschaft zur Kybernetik, die sich einem vollständig mechanistischen Funktionsprinzip lebender Systeme entzieht und das „interaktive Dazwischen" systemisch zu erfassen sucht.

In gewisser Weise wirkt ein markensoziologischer Gestaltansatz gegenüber der klassisch ökonomischen Sichtweise fremd. Denn weite Teile der zeitgenössischen Wissenschaft versuchen, Phänomene auf numerische Erklärungsparameter zurückzuführen. Der Makrosoziologe Steffen Mau beschreibt in seinen Überlegungen zur Quantifizierung als Leitphilosophie der Spätmoderne die strukturellen Auswirkungen: „Zahlen bieten eine – oftmals sehr überzeugende Antwort auf unsere Bedürfnisse nach Objektivierung, Sachbezogenheit und Rationalisierung. Zwar abstrahieren Zahlen von konkreten sozialen Kontexten, sie sind aber nicht nur Mathematik. Hinter ihnen stehen Wertzuweisungsprozesse, die den Zahlen erst eine Bedeutung oder einen ‚Wert' zukommen lassen. Quantifizierungen lassen sich daher als manifeste Formen der Zuschreibung von Wertigkeit ansehen, weswegen nicht nur der Umstand interessant ist, dass quantifiziert wird, sondern auch, wie und durch wen" (Mau 2017, S. 29). Marken sind als Assets interessant, weil sie als große Unbekannte, das Potenzial innehaben, ein stabiles Marktgeschehen chancenreich zu verändern.

▶ Kennziffern können das eigentliche Wesen einer Marke nur unzureichend beschreiben. Die eigentlichen Ursachen für die Verankerung in den Köpfen der Menschen werden nicht deutlich.

4.2 Kollektive Leistungserwartungen

Marken sind nicht nur Kulturträger oder das Mittel wirtschaftlicher Transaktionen. Sie sind vor allem Ergebnisse einer systematisierten, aber auch spontanen Organisation von Rückkopplungsprozessen zur Verankerung bestimmter kollektiver Leistungszuschreibungen. Die Marke ist also ein Beziehungsgeflecht – jedes Detail hat in diesem Netzwerk (s)eine Funktion. Alles ist gleich wichtig und gleichwertig. Dass, was wir Marke nennen ist damit, analytisch betrachtet, ein dichtes Netzwerk, welches seiner Form und Ausprägung nach, allen anderen lebenden organischen Systemen in nichts nachsteht.

Der Physiker Hermann Haken machte auf die Ordnerfunktion der Marke aufmerksam und entwickelte vier Prämissen, die den Systemcharakter der Marke, als Rückkopplungslebewesen, spezifisch bedingen. Haken nahm an, dass Marken besonders systemisch funktionierten, also makroskopisch ordnen, weil

a) Menschen Menschen beeinflussen. Weil eine Marke (in ihrem jeweiligen Aktionsradius) viele Kunden hat, bedingt sie das Verhalten vieler Menschen.

b) Marken über interne Netzwerke (Gespräche, persönliche Empfehlungen) sowie über lancierte Netzwerke (Werbung) Meinungen kollektiv beeinflussen.

c) Werbung beliebig steuer- und regelbar ist und aus diesem Grund eine eigene Dynamik entwickelt.

d) Marken selbst unternehmerischer Regelung und Anpassung unterworfen sind und sich dem Kaufverhalten ihrer Kunden anpassen.

Das „Hyperangebot der Wahl" in der Spätmoderne durchzieht den Alltag jedes Menschen in sämtlichen Bereichen des Lebens – strukturell übergreifend und Zeit seines Lebens permanent. Die Einrichtung der Wohnung, die Art des Müslis auf dem Esstisch, der Podcast, das Fortbewegungsmittel zum Arbeitsplatz sind unbeschreiblich vielfältig wählbar. Alles mehr oder weniger bewusste Entscheidungen, die jeden Menschen in Hinblick auf die Komposition seiner Auswahl zu einem „Ich" konstituieren. Indem wir mit einem Porsche fahren, die Bild-Zeitung lesen, uns ausschließlich vegan ernähren und einen Wacken Pullover tragen entsteht, ein „Bild vom anderen". Keines dieser Dinge und Attribute haben wir selbst erfunden, aber jedes von ihnen strahlt eine Eigenart aus, die wir zu einer Gesamteinschätzung hinsichtlich der Persönlichkeit des Gegenübers komponieren.

Einerseits beklagen viele Menschen den „Markenterror" und die geheimen psychologischen Verführungskünste, andererseits definieren wir uns selbst und wie wir gesehen werden wollen durch Marken – indem wir uns für bestimmte Marken entscheiden oder explizit dagegen. Denn die Botschaft einer Marke versteht jeder (manchmal weltweit) in Sekundenbruchteilen. Marken bestehen zeit- und kulturübergreifend. Marken sind ein Kulturphänomen und psychologisches Mittel der Selbstdefinition. Unser Ich resultiert in weiten Teilen von käuflichen Dingen. Sie geben uns die Möglichkeit uns selbst zu verorten und verortet zu werden: Ich kaufe, um erkannt zu werden.

Waren und Dienstleistungen beruhen auf dem kreativen Geist einzelner Menschen oder verankerter Kulturen, also Generationen die ein Know-how weitergegeben haben. Besonderheiten oder auch der Stolz eines Ortes werden in ein Produkt transferiert. Indem wir Wein aus Bordeaux trinken partizipieren wir an dieser Spezifik, machen uns ihn zu eigen. Die Individualität des Einzelnen, einer Gruppe oder einer Lokalität und seine bzw. dessen Entfaltungstalente und machen jedes Objekt einmalig. Wäre es nicht einmalig, so wäre es nicht erkennbar. Denn nur das, was sich unterscheidet, ist überhaupt wahrnehmbar.

▶   Die Resultate menschlicher und kultureller Kreativität stehen dem Menschen als Optionen der Teilhabe und damit als Optionen der Ich-Schärfung zur Verfügung.

Die Marke gibt die Möglichkeit, der Mensch zu sein, der wir glauben zu sein. Wir erkennen in der Wahl der Marke immer uns selbst und unsere Vorstellung eines gelungenen Lebens, aber in einer projizierten und ästhetisierten Form. Dabei wirkt eine Marke augenblicklich. Der Kauf eines sozialfairen Mineralwassers – gut sichtbar in unserem Einkaufswagen – macht uns zum Weltenretter.

Sie gibt uns die Möglichkeit, in eine Marken-Welt einzutauchen, hineinzuschlüpfen, ohne uns selbst dabei infrage zu stellen, weil die Wahl der Hülle keiner Begründung bedarf. Ein „das gefällt mir" ist heutzutage ein anarchischer Akt des Selbstbehauptens. Eine Zurückweisung einer Welt ständiger Logik und Vernunft, der Begründung und differenzierter Argumentation. Das Gefallensurteil ist eine vormoderne Entscheidungsform und deshalb so kräftig. Es sprengt in seiner Verengung auf sich selbst die Vorstellung, dass sich die Dinge klar erfassen und in der Folge entscheiden lassen. Es gibt keinen Grund für 150 massengängige Automarken, 3000 unterschiedliche Mineralwasser oder Millionen von Coffeestores außer dem einen, dass es Menschen „gefällt". Deshalb gehört das Gefallensurteil heute zu einem der entscheidendsten Wirtschaftsfaktoren in einer Individualismus orientierten Welt.

Die Marke ist ein Rückgriff auf eine Zeit des Individuellen, des um sich selbst Kreisenden, des Absoluten, das sich einer rationalen Logik entzieht. Marken als Subjektivitätsanker werden umso wichtiger, desto mehr der Mensch – wie es Martin Heidegger ausführte – in einer durch und durch strukturierten, organisierten und eng geführten Welt seines Menschseins verloren geht: Der moderne Mensch sei um seine Ekstasefähigkeit betrogen, der aus dem Gefühl der Einsamkeit seinen eigenen Entscheidungswillen heraufbeschwört und befeuert.

Indem Marken in vielfältiger Weise existieren und sich selbst der Rationalität verschließen, wirken sie als präsente Stabilisatoren und suggerieren Autonomie. Marke wirkt auf eine selbstbeherrschte Masse von Individuen, die gerade nicht Masse sein wollen. Sie verbinden und trennen zugleich. Die Marke ist unmissverständliche Aussage, sie ist totalitär, aber in der Vielzahl unterschiedlicher Marken, die wir für uns auswählen, entsteht schließlich ein Zwischenraum unterschiedlichster Symbole, Inhalte und Biografien, die eine relative Aussage erkennen lassen. Marken sind Beständigkeit und spontaner Impuls zugleich, und zwar vor dem Hintergrund der überindividuellen Moden, die unser Empfinden (mit-)bedingen.

Die Marke ist ein Mittel, dass uns erlaubt auf fast allen Gebieten, eine individuelle Entscheidung zu treffen. Marken sind, man mag es kritisch beurteilen, „Persönlichkeitsentwickler", weil sie das Material bieten, dass unser ureigenes „ästhetisches Empfinden" die „Bau-Elemente" bereitstellt. Das erklärt die zunehmende Bedeutung und Relevanz der Marke (Errichiello 2018). Die Marke kann aber eben nur dann „Bau-Element" sein, wenn sie ihre Spezifik immer wieder bestätigt. Daraus ergibt sich über die Zeit eine kollektive Leistungserwartung der Menschen für eine sichernde Ausgestaltung ihres Ichs. Die Organisation, die es schafft dieser gleichgerichteten Erwartung langfristig gerecht zu werden, wird mit Vertrauen und Anhängerschaft belohnt. Ein positives Vorurteil in einen Gegenstand oder eine Dienstleistung ist entstanden.

4.3   Die Authentifizierung des Alltages

War also die Moderne seit dem Beginn der Industrialisierung vor 200 Jahren davon geprägt, Standardisierungen in Form von Massenprodukten zu ermöglichen, so versucht die Spätmoderne den Eindruck der Massenhaftigkeit in allen Feldern zu umgehen. Das gilt sowohl für Produktwelten, aber ist auch Teil der Geisteshaltungen und Gefühlwelten. Als wertvoll und begehrenswert wird das empfunden, was eine affektive Anziehungskraft hat, vor allem dadurch das es echt, besonders, rar, originell oder einzigartig wirkt. Dieser Vorgang lässt sich mit dem Begriff der „Authentifizierung" treffend beschreiben. Das kleine Restaurant mit typischen Speisen, der Bauernhof, der Zimmer vermietet, das wiederhergerichtete alte Auto oder Motorrad, der Wein nicht nur einer besonderen Lage, sondern auch eines besonderen Jahrgangs, das legendäre Coldplay-Konzert im Londoner Natural History Museum, die Gründerzeitwohnung im Komponistenviertel, die selbstgemachte Marmelade, der Käse aus einem griechischen Bergdorf – immer ist der moderne Mensch auf der Suche nach etwas, was das eigene Dasein heraushebt und von „den anderen", der Masse differenziert. Das ästhetische Empfinden, also das Gefallen wird zum Maßstab für die Bewertung – je mehr (positive) Gefühle eine Ware hervorruft, desto wertvoller ist sie. Individualpsychologisch schließt die Ware damit die Lücke, die sich nach der umfassenden Abwendung transzendenter Lebensziele („Das Leben gottgefällig führen") und Entzauberung der Welt massenhaft ergeben haben: Wenn der Sinn des Lebens nicht erst im Himmelreich beginnt, sondern auf die irdische Lebensspanne von gut und gerne 80 Jahren begrenzt ist, dann gilt es die Sinnhaftigkeit des Tuns im hier und jetzt zu realisieren.

Was ist auf dieser Basis ein „gelungenes Leben"? Es speist sich vornehmlich aus der Auffassung, dass man eine selbstbestimmte und autonome Existenz führt – individualisierbare Produkte und Dienstleistungen sind die Elemente, die Selbstbestimmung ermöglichen. Wirtschaftlich relevant wird diese Veränderung geistiger Dispositionen, weil sie durch technische Entwicklungen nunmehr die Individualisierung und Kulturalisierung im Mikroformat erlaubt. Durch die Plattformökonomie und ihre angeschlossenen Informationsmodelle können Produkte und Dienstleistungen digital gesteuert und formatiert werden – die Individualisierung ist heutzutage technisch einfach möglich. Jedoch: Das individualisierte Produkt macht nur dann Sinn, wenn es kollektiv verstanden und richtig, d. h.

besonders, eingeordnet wird. Ein demeter Joghurt macht nur dann Sinn, wenn bei Nennung der Chiffre „demeter" unmittelbare bestimmte, gleichgerichtete Assoziationen und Zuschreibungen wirksam werden. Besondere Produkte bedürfen also einer einheitlichen kollektiven Einordnung, sie sind „kollektiv besonders".

Die Marke fungiert dementsprechend als lokale, regionale, manchmal auch globale Interpretationsgemeinschaft. Als Waren treten sie in Konkurrenz zueinander: Welchem Anbieter gelingt es, den höchsten Affektivitätsgrad zu erreichen? Da der Wertigkeitsparameter ein emotional basierter ist, hält die moderne Digitalökonomie immer wieder Überraschungen hinsichtlich Erfolg und Misserfolg eines Produktes bereit. Was gefällt, lässt sich nie mit aller Bestimmtheit vorhersagen – Gefühle sind trotz aller Instrumentierung noch nicht vollständig steuerbar. Der Zuspruch zu etwas geschieht kollektiv in der Regel schlagartig und unvorhergesehen. Die Aufgabe eines Ideensystems, dass sich entfalten und ausbreiten will, ist es durch Formen der Erzählung und des gestalthaften Framings die Wahrnehmung einer vermeintlichen Besonderheit eines Massenproduktes zu verankern und zu verstärken. Nur ein Bruchteil der Produkte von MyMuesli wird von der Kundschaft tatsächlich individualisiert, Nike und Adidas verkaufen selbst designte Sneaker im Promillebereich, vollstandardisierte Pauschalreisen sind stabil bei 50 % (über alle Altersgruppen). Es wird deutlich: In der Markenführung geht es nicht um die tatsächliche Herstellung individueller Produkte, sondern um die Kommunikation der Individualisierungsmöglichkeiten – die in den seltensten Fällen tatsächlich angenommen und realisiert werden.

▶ Marke als Sicherheit verlangt einen Zustand permanenter Rückkopplung und Absicherung. In der Markenökonomie geht es vor allem um die Verdeutlichung eines individualisierbaren Potentials und der Schärfung des Markenprofils. In der Realität der Massenmärkte wird es jedoch kaum von den Menschen angenommen.

4.4   Vertrauen als soziales Kraftfeld

Das Ziel aller Markenaktivitäten liegt in dem Bemühen, dass Menschen einer Leistungsidee kollektiv und individuell vertrauen. Was heißt Vertrauen? Vertrauen bedeutet, dass ein spezifisches Objekt bestimmte Erwartungshaltungen hervorruft. Vertrauen entsteht in Warenmärkten nicht „irgendwie" und nicht über die Verdeutlichung von „Vertrauen" im Sinne schöner Bilder und einer mantrischen

Beschwörung („Vertrauen Sie uns!"). Vertrauen ist ein normativer Verpflichtungs-
zusammenhang – ein sozialer Prozess: Es entsteht nur, wenn ein Unternehmen
zusageverlässlich handelt und die prognostizierten Leistungen immer wieder
konsequent und selbstähnlich einlöst. Simpel und schwierig zugleich.

In einem stetig unübersichtlicher werdenden Markt gilt es, Vertrauensvor-
schüsse zu sichern und erkennbar zu werden bzw. es zu bleiben. Dies bedeutet,
die erwartete Leistungsspezifik konkret herauszuarbeiten und zu steuern. Werbung
und Gestaltung kommt dabei die Aufgabe zu, möglichst umfassend Informationen zu verbreiten und durch die Wiederkennung Vertrauen zu strukturieren. Die
Marke präsentiert demnach mithilfe der Werbung ein verlässliches Angebot.

Niklas Luhmann, Begründer der Systemtheorie, definierte: „Im Akt des Ver-
trauens wird die Komplexität der zukünftigen Welt reduziert. Der vertrauensvoll
Handelnde engagiert sich so, als ob es in der Zukunft nur bestimmte Möglichkeiten gäbe." (Luhmann 2000, S. 24) Und: „Vertrauen ist überzogene Information,
beruht also darauf, dass der Vertrauende sich in gewissen Grundzügen schon aus-
kennt, schon informiert ist, wenn auch nicht dicht genug, nicht vollständig, nicht
zuverlässig." (Luhmann 2000, S. 40).

Je haltloser und schneller die Welt, desto größer ist das Streben nach Sicher-
heiten und Vertrautem. Die Ökonomie ist Interaktion, geprägt vom „Zwischen",
d. h. der Interdependenz und Beziehung einzelner Menschen oder Gruppen zueinander. Wirtschaft mit sich selbst wäre nicht möglich. Denn der Austausch setzt
den Dialog zwischen zwei unterschiedlichen Handelnden voraus. Diese Form der
Interaktion macht – neben dem eigentlichen Objektaustausch – die Wirtschaft
zu einem sozialen Prozess, der geeignet ist, das Gefühl der Isolation und des
Getrenntseins vom Rest der Welt aufzuheben. Jetzt wird der eigentliche Treibstoff
für den Siegeszug der Marke, als soziales Lebewesen, deutlicher. Vertrauen als
soziale Kategorie kann in diesem Sinne ebenfalls als ein sich selbst verstärkender
Prozess verstanden werden: Indem Menschen das Verhalten anderer Menschen in
Bezug auf ein Gut beobachten, prägen sich Imitationseffekte aus, die – je größer
der Anteil der involvierten Menschen – die Struktur des Marktes bedingen.

Um Vertrauen zu einem Angebot aufzubauen, bedarf es irritationsfreier posi-
tiver Erfahrungen. Wenn eine Marke über Jahrzehnte ihren Auftritt in typischer
Qualität, Sprache, Optik in bestimmten Geschäften pflegt, wird ein klares Bild
in den Köpfen der Menschen verpolt. Das im besten Fall entstehende positive
Vorurteil ist konstituierend für die Existenz einer Marke. Eine Marke liegt dann
vor, wenn in der für das Produkt relevanten Öffentlichkeit Einigkeit über die
Merkmale des Angebotes besteht.

⯈   Die soziale Dynamik der Vertrauensbildung steht im Zentrum jeder langfristigen Markenentwicklung. Ein solches Vorgehen setzt an den Ursachen von Markenbildung an und versucht sich nicht an Moden oder Trends. Markensoziologisch fundierte Markenführung ist zeitlos, weil die zugrunde liegenden komplexen sozialen Dynamiken Kulturgesetze sind.

4.5   Die Gestalt als Ordner des Markensystems

Eine Marke ist eine systemische Leistungskomposition aller Felder, die für die Öffentlichkeit direkt oder indirekt erfahrbar sind (dies umfasst nicht nur die Produkt- und Werbeebene, sondern alles, was mit der Marke in Verbindung gebracht wird, auch wenn es durch das Unternehmen nicht intendiert ist). Diese Leistungsäußerungen sind die Auswirkungen der normativen Regelungen und Stilinterpretationen eines Unternehmens. Aus der Vielzahl der Wahrnehmungen, Eindrücke oder Vorstellungen entwickelt sich beim einzelnen, aber vor allem als kollektiv geteilte Vorstellung eine Gestaltkomposition, die in der Regel in ihren konkreten Elementen nie empirisch nachvollzogen werden kann. Jede Marke ist ein individuelles Gestaltsystem, dass auf Grundlage seiner Typik selbstähnlich und mit der Zielsetzung der Wertschöpfungserbringung entfaltet wird. Klaus Brandmeyer und Thomas Otte schreiben bereits 1992: „Eine Marke ist […] ein lebendes System, das unendlich viele Subsysteme gebildet und in Gang gehalten wird […]. Marke bedeutet also ein System, bei dem Menschen und Dinge, Geist und Materie sich zu einem gestalthaften Ganzen vernetzen und darüber in Wechselwirkung treten" (Brandmeyer und Otte 1992, S. 27).

Marke ist damit das Ergebnis einer über längere Zeiträume in typischer Art und Weise erbrachten Leistungsgeschichte, die in der Öffentlichkeit eine Gestaltvorstellung bedingt. Marke ist also ein Resonanzraum, der mit Wissen, Erfahrungen, Erinnerungen, Vorurteilen, Assoziationen, Hörensagen und Werbungen für viele Menschen ähnlich angefüllt ist. Otte ist der Überzeugung: „Je nach zeitlicher und räumlicher Ausdehnung einer Marke sind diese Vorstellungen vieler hunderttausend oder Millionen Menschen gemeinsam. Nicht nur die Kunden, auch die Hersteller, Händler und Werbemanager einer Marke sind über eine gleichartige Vorstellung von ihr unendlich vielfältig miteinander verbunden. Sie bilden ein großes System, in dem die handelnden Individuen als Subsysteme unter Einbeziehung der Markenprodukte agieren und interagieren. Damit sind Marken-System [sic!] als lebende Systeme charakterisiert" (Otte 1995, S. 43).

In der Folge entsteht eine kollektiv geteilte Meinung über eine Marke, die – will sie wirtschaftlich wirksam sein – für eine bestimmte Gruppe positiv konnotiert ist.

▸   Marke ist ein komplexer sozialer Bündniszusammenhang, den spezifische Gestaltvorgaben kennzeichnen. Markenrelevanz ist damit mehr als das Ergebnis rationaler Prüfkriterien und Nutzenabwägungen. Im Idealfall löst eine Marke zwei bis drei spezifische Versprechen bei jedem Kaufvorgang wiederholend ein und verstetigt damit ein orientierendes Bild bzw. eine Gestaltvorstellung in den Köpfen der Menschen.

Es findet ein psychologischer Prozess statt, der autonom auftretende Signale in einem vom Reiz selbst abweichender Weise zu einem sinnhaften Gesamteindruck zusammenfügt. So sehen wir beim Anblick einer Landschaft nicht nur unzählige farbliche Signale, Figuren und Formen, sondern wir sehen eine „besonders schöne Landschaft". Auch in einer medizinisch-neurologischen Perspektive spielt die Sinngebung unserer Eindrücke eine bedeutende Rolle. Eric Kandel, Nobelpreisträger für Medizin, formuliert folgende Erkenntnis: „Wir verlassen uns darauf, dass unsere Sinne uns zutreffende Informationen vermitteln, sodass unsere Wahrnehmung und unsere Handlungen sich auf eine objektive Realität gründen. Aber das ist nur ein Teil der Wahrheit. Die Sinne liefern uns zwar die Information, die wir brauchen, um zu handeln, sie präsentieren dem Gehirn aber keine objektive Realität. Vielmehr liefern sie dem Gehirn die Information, die es braucht, um die Realität zu *konstruieren* [sic!]. Jede Sinnwahrgebung entspringt einem anderen System im Gehirn und jedes dieser Systeme ist fein darauf abgestimmt, einen bestimmten Aspekt der Außenwelt wahrzunehmen und zu interpretieren. Die bei den Sinnesorganen ankommenden Informationen werden von den Zellen aufgenommen, die so gestaltet sind, dass sie noch das schwächste Geräusch, die leichteste Berührung oder Bewegung aufnehmen, anschließend werden sie über eine dafür vorgesehene Leitungsbahn in eine Gehirnregion weitergeleitet, die auf das jeweilige Sinnesorgan spezialisiert ist. Das Gehirn analysiert die Eindrücke, zieht einschlägige Emotionen und Erinnerungen an frühere Erfahrungen hinzu und konstruiert aus alledem eine innere Abbildung der Außenwelt. Diese – teils unbewusst, teils bewusst – selbst erzeugte Realität bildet den Leitfaden für unsere Gedanken und unser Verhalten" (Kandel 2018, S. 18–19). Kandel macht darauf aufmerksam, dass soziale Interaktion und Verständnis möglich ist, weil die Entwicklung des menschlichen Gehirns sich gleichartig vollzogen hat: „Im Gehirn jedes Menschen bilden die gleichen neuronalen Schaltkreise die

Grundlage der gleichen geistigen Prozesse" (ebd.). Diese Sinnwahrgebungs- bzw. Gestaltqualität ist eben „mehr und anders als die Summe seiner Teile" (sog. Ehrenfels-Kriterium).

Die Marke als Gestalt fungiert als „Quasi-Person" oder wie sie der Markensoziologe im Gegensatz zu organischen Systemen bezeichnet als ein „Hyperorganismus". Was wird darunter verstanden? Alnatura, Nestle oder Hello Fresh– niemand hat diese Organisationen jemals persönlich getroffen oder könnte sagen, was sie dezidiert ausmacht. Es ist unmöglich diese Objekte in all ihren Einzelheiten zu definieren, dennoch agieren wir ungezwungen und täglich mit ihnen. Eine Marke ist ein ebensolcher Hyperorganismus, der sämtliche Charakteristiken eines Leistungskörpers zu einem Gesamtbild vereinigt. Meist sind es diese abstrakten kollektiven Vorstellungen, die den eigentlichen Wert der Marke bestimmen. Entscheidend ist: Die Kommunikation zwischen Menschen wird überhaupt erst durch die Generalisierung auf Basis eines kollektiven geteilten inhaltlichen Kerns möglich. Man stelle sich vor, was es heißen würde, wenn wir nicht ausnahmslos – manchmal sogar weltweit – ein „Bild" von Ländern, Regionen, Menschen oder Firmen hätten – automatisch, ohne das wir lange nachdenken müssen, vielleicht sogar ohne eine reale Erfahrung mit ihnen gemacht zu haben: Wein aus Frankreich, Mode aus Italien, Maschinen aus Deutschland, „bei Google finde ich was ich suche", durch Airbnb erfährt man den Reiseort gleich viel authentischer und Louis Vuitton ist Luxus – Gestaltzuschreibungen, die auf eigenen und aber auch auf Hörensagen stammenden Erfahrungen beruht. Unser Leben wäre geprägt von Misstrauen und Einsamkeit, Orientierungs- und Ratlosigkeit,Erschöpfung und Depression.

Der Informationscharakter eines Systems entsteht also erst durch die sie bildenden und wiederholenden Leistungen. Sofern ein Absender keine Typik und Charakteristik entwickelt, so entsteht in der Informationsflut kein Muster, keine Botschaft und damit auch keine Orientierung. Als „kondensierter Sinn" (Luhmann) sendet eine Organisation bestimmte, im besten Falle redundante Botschaften aus. Es entsteht ein kollektives Bild. Die sich wiederholende Zusageverlässlichkeit stellt im Effekt ein höheres Tempo der Kommunikation sicher, und versetzt damit den Absender in die Lage, die eigene Durchsetzungskraft im Aufmerksamkeitswettbewerb zu optimieren. Ebenso wie in Bezug auf Kulturen bestimmte Sinnbilder bestehen, umfasst unser Denkfundus eben und gerade in der Moderne auch Marken. Ergo: Marken fokussieren Komplexität und bei gleichzeitiger Steigerung der Entscheidungsgeschwindigkeit.

In dieser Feststellung liegt die eigentliche gedankliche Überleitung in eine Theorie des „Gestaltsystems Marke". Ein Ideenlebewesen ist ein System, das auf einem schöpferischen Einfall besteht und sich schließlich selbst auf Basis eines konkreten genetischen Codes weiterentwickelt und organisiert. In Bezug auf die Marke ist die Bewahrung systematisierter Ordnungs-Prozesse der Mechanismus, der die Gestaltauflösung verhindert und das positive Vorurteil gegenüber eine Marke in der Öffentlichkeit bedingt.

Für die Markensoziologie sind diese resistierenden, stabilisierenden und energetischen Fähigkeiten von positiven Vorurteilen maßgeblich. Sie sind Instrumente, um Wirtschaftskörper erfolgreich im Markt zu führen und spezifische Leistungen langfristig kollektiv zu verankern. Marken schaffen positive Vorurteile, die kollektiv geteilt werden und die Selbstregelungen einer Gemeinschaft strukturieren, Gewöhnungsmuster zu verankern und die Kritikfähigkeit des nur partiell rational handelnden Individuums in Bezug auf einen Sachverhalt zu reduzieren. Gleichermaßen ist dabei die Aufgabe zukunftsweisende Themen für Organisationen frühzeitig zu erkennen, konkrete Leistungsinhalte zu schaffen und damit kollektive Vorstellungen vorzuprägen.

> Marke wirkt als gestalthaft Erkennbares oder, um die Begrifflichkeit der Markensoziologie aufzugreifen, selbstähnlich. Denn Gestalt entsteht nur, wenn die Handlungen „typisch" sind. Selbstähnlichkeit liegt vor, wenn jede Lebensäußerung bzw. jedes Element eines Systems das Grundprinzip des Organismus repräsentiert – aktuell sowie auch in der Zukunft.

Literatur

Brandmeyer K, Otte, T (1992) Marken I: Lebende Systeme mit Dynamik. Harvard- manager, 3/1992, Hamburg

Errichiello O (2017) Philosophie und kleine Geschichte der Marke. Gabler, Wiesbaden

Errichiello O (2018) Einsamkeit und die psychologische Kraft der Marke. Springer Nature, Berlin

Hellmann KU (2019) Marke als Kommunikation und Metaprodukt. Sozialwissenschaftliche Grundlagen der Markenführung. In: Esch F-R (Hrsg.) Handbuch Markenführung. Springer Gabler, Wiesbaden

Kandel E (2018) Was ist der Mensch? Störungen des Gehirns und was sie über die menschliche Natur verraten. Siedler, München

Luhmann N (2000) Vertrauen. Ein Mechanismus der Reduktion sozialer Komplexität. UTB, Stuttgart

Mau S (2017) Das metrische Wir. Über die Quantifizierung des Sozialen. Suhrkamp, Berlin

Otte T (1995) Die Selbstähnlichkeit der Marke. In: Deichsel A, Otte T (Hrsg) Jahrbuch Markentechnik 1995, Deutscher Fachverlag, Frankfurt a. M.

Perspektiven einer kybernetischen Markenführung 5

In einer digitalen und dynamischen Warenwelt gilt es, ein systemisches Verständnis von Marken zu entwickeln. Die Aufgabe lebende Systeme zu managen ist für Start-Ups, im Mittelstand und in globalen Konzernen gleichermaßen herausfordernd. Start-Ups versuchen in der Regel, ihre Konzepte wertschöpfungsstark zu verstetigen. Nicht selten ist dabei eine schnelle, exponentielle Skalierung entscheidend für die Tragfähigkeit einer neuartigen unternehmerischen Idee. Insbesondere bei digitalen Geschäftsmodellen herrschen brillante Kompetenzen in der Beherrschung von trivialen Systemen: Programmiersprachen, Software oder künstliche Intelligenzen, sie alle sind für die technische Skalierbarkeit ausgelegt. Hier zählt die perfekte Umsetzung von binären Codes: 1 oder 0.

In Hinblick auf die exponentielle Entwicklung und insbesondere die daran anknüpfende Verankerung von Marken muss der Blick jedoch für das lebende System Marke geschärft werden. Denn jedes lebende System ist auf die reibungslose Interaktion von Menschen, Gruppen und Dingen angewiesen. Nur auf dieser Basis kann vor allem in einem digitalen Wettbewerbsumfeld Besonderes geschaffen werden.

Die Idee hinter einer kybernetischen Markenführung ist: Muster in chaotischen und diffusen Konstellationen zu erkennen, zu konsolidieren und resonanzstark zu entwickeln. Nur auf diese Weise gelingt es (vor allem in Zeiten des Kommunikationsgewitters) kollektive Gewohnheitsmuster zu verankern und gleichzeitig den notwendigen Raum für Innovation zu ermöglichen.

Durch Digitalisierung, klimaspezifische Herausforderungen sowie durch Pandemien und Wirtschaftskrisen globalen Ausmaßes befinden wir uns in einem universellen Transformationsprozess von Gesellschaft und Ökonomie. In dieser Konstellation platzieren sich neue Akteure, um möglichst wertschöpfungsstarke und preisstabile Ausgangspositionen zu erlangen. Im selben Moment stehen solide verankerte Mittelständler und globale Konzerne unter dem Druck, sich

O. Errichiello und M. Wernke, *Ordnung im Chaos – Kybernetik der Markenführung,* essentials, https://doi.org/10.1007/978-3-662-65192-6_5

diesen Transformationsprozessen zu stellen und ihre Spitzenpositionen zu verteidigen.

Diese Dynamik erfordert ein strukturelles Marken-Management Verständnis. Weder die Motivation der Mitarbeiter noch die Anziehungskraft einer Leistungsidee sind befehlbar. Möglich ist jedoch, die Anziehungskraft einer Marke systematisch zu begünstigen und zu stärken. Dafür gilt es, strukturelle Ursachen zu organisieren und Wirkungen analytisch auszuwerten – ganz im Sinne des intellektuellen Erbes von Stafford Beer und vielen weiteren Kybernetikern. Die Kybernetische Markenführung ist also der Versuch, Marken im Großen wie im Kleinen zu individuellen Kraftzentren zu entwickeln.

Auch wenn es dem heutigen Zeitgeist entspricht, sämtliche Sachverhalte in einer Organisation eindeutig zu prognostizieren, zu regeln und am besten anhand eines übergreifenden vorgefertigten Bauplanes – in time – abzuwickeln, so zeigt sich: Starke Marken sind keine Maschinen, sondern Netzwerke, die in der Lage sind auch im Kontext von Veränderung und Anpassung, spezifisch zu bleiben.

Kybernetische Markenführung organisiert förderliches Chaos konstruktiv. Kybernetik ist der Versuch, steigende Komplexität durch Aktionskorridore zu bewältigen in denen das System sich selbst organisiert und autonome Anpassungsentwicklungen zulässt. Es geht also um die Fähigkeit, spontane Ordnungen als notwendige Anpassungsentwicklungen zu verstehen und nutzbar zu machen.

prototypes are easy, production is hard ... brand-cybernetics solve it smart

Was Sie aus diesem *essential* mitnehmen können

- Was unter Kybernetik zu verstehen ist
- Warum Marken „lebende Systeme" sind
- Wie man hochkomplexe Organisationen und ihre Dynamiken (bspw. Unternehmen/Marken) analysieren und managen kann
- Welches die Grundgesetze des kybernetischen Markenmanagements sind
- Wie die Management-Kybernetik als Wissenschaft entstand

O. Errichiello und M. Wernke, *Ordnung im Chaos – Kybernetik der Markenführung,* essentials, https://doi.org/10.1007/978-3-662-65192-6

Printed in the United States
by Baker & Taylor Publisher Services